Vladimir Safatle

Em um com o impulso

autêntica

As partituras que ilustram este livro estão em domínio público e foram retiradas do site da Biblioteca Musical Petrucci: imslp.org.

EDITORAS RESPONSÁVEIS
Rejane Dias
Cecília Martins

REVISÃO
Aline Sobreira
André Figueiredo Freitas
Marina Guedes

CAPA
Diogo Droschi
(Sobre obra de Wassily Kandinsky, 1916.
The Art Institute of Chicago)

DIAGRAMAÇÃO
Isabela Catarina
Waldênia Alvarenga

Dados Internacionais de Catalogação na Publicação (CIP)
(Câmara Brasileira do Livro, SP, Brasil)

Safatle, Vladimir
    Em um com o impulso / Vladimir Safatle. -- Belo Horizonte, MG : Autêntica Editora, 2022. -- (Série Experiência estética e emancipação social, bloco I)

    ISBN 978-65-88239-18-6

    1. Ciências sociais 2. Filosofia 3. Estética 4. Emancipação (Filosofia) I. Título II. Série.

18-22050   CDD-160

Índices para catálogo sistemático:
1. Ciências sociais 300

Aline Graziele Benitez - Bibliotecária - CRB-1/3129

 GRUPO **AUTÊNTICA**

Belo Horizonte
Rua Carlos Turner, 420
Silveira . 31140-520
Belo Horizonte . MG
Tel.: (55 31) 3465 4500

São Paulo
Av. Paulista, 2.073, Conjunto Nacional
Horsa I . Sala 309 . Bela Vista
01311-940 São Paulo . SP
Tel.: (55 11) 3034 4468

www.grupoautentica.com.br
SAC: atendimentoleitor@grupoautentica.com.br

Nota

Esse livro é só um bloco. Há ainda mais dois blocos. Então, são três blocos. O que os une é a procura em pensar a relação entre experiência estética e emancipação social. Quis a tendência de contar de trás para a frente, adquirida desde a infância, que o autor desse livro fosse levado a tentar começar do começo. As partes do todo ficaram assim divididas cronologicamente. Aqui, é questão de um processo de constituição da autonomia estética que vai do que seria seu começo (ou um deles) até o século XIX. Um livro sobre o romantismo, então. Sobre o romantismo e seu desejo de sublime e de expressão liberada das amarras da convenção. Mas como o autor reconhece nunca ter sido capaz de seguir até o fim as regras que ele próprio inventa, há vários momentos em que as discussões concernidas avançam os limites temporais e chegam até o que se chama, por alguma razão obscura, de "hoje". A segunda parte será sobre o modernismo, ou melhor, sobre a capacidade modernista de construir espaços, de construir povos, com todo o misto de redenção e violência que isso possa significar. Haverá dois casos privilegiados a serem analisados, dois países que, por razões diversas, serviram-se do modernismo para realizar o projeto de construção estética de um povo: o Brasil e a União Soviética dos primeiros anos de sua Revolução. O sentido dessa associação, dessa contraposição, será defendido no próximo bloco. Já o terceiro bloco será sobre a produção estética em uma espécie de "contemporaneidade estendida" (porque, afinal, não se vive totalmente no presente, ou melhor, porque o "presente" é uma espécie de ilusão inefetiva) e sobre algumas de suas estratégias de produção de modelos de emancipação. O autor não consegue deixar de acreditar que tais modelos estão lá onde nem todo mundo acredita que eles estejam. Porque tentar colonizar até as formas de nossa emancipação é uma antiga estratégia de preservação dos processos materiais de reprodução da vida, no caso, de uma vida mutilada.

Vapor numa tempestade de neve, William Turner, 1842.

Diz-se de Turner que, diante de uma tempestade marítima, ele teria pedido para ser amarrado ao mastro do barco a fim de pintar o desequilíbrio de seu interior. O barco, ao que tudo indica, chamava-se Ariel. Um século depois, Ariel voltava, mas agora como título de um poema de Sylvia Plath. Nele, lê-se ao final: "E agora eu/ Espuma de trigo, uma cintilância de mares/ O choro da criança/ Escorre pela parede/ E eu/ Eu sou a flecha/ Orvalho que voa/ Suicida, em um com o impulso/ Dentro do olho/ Vermelho, o caldeirão da manhã". Seria possível muito dizer a respeito desse ponto de desabamento no qual a cintilância de mares encontra o choro que escorre pelas paredes. Mas talvez fosse o caso de parar, ao menos por um momento. Parar diante dessa flecha, suicida por querer ser em um com o impulso. Em um com o impulso. Isso, bem, como todo mundo sabe, isso era todo um programa estético.

Dentre os perigos que a arte moderna corre,
o pior é a ausência de perigo.
Theodor Adorno

I
AUTONOMIA

Capítulo 1
Perto demais de sua própria desaparição

Nunca o artista teve tanta necessidade de um povo,
mas ele constata no ponto mais alto que o povo falta.
Gilles Deleuze e Félix Guattari

Há um livro sobre teoria estética que começa com a seguinte frase: "Tornou-se autoevidente que nada referente à arte é autoevidente mais, nem em si, nem em sua relação ao todo, nem mesmo em seu direito de existência".[1] Talvez haja realmente certa necessidade de começar toda discussão a respeito da possibilidade da experiência estética na sociedade contemporânea repetindo essa frase. Começar por dizer: "não é certo que algo como a experiência estética possa, de fato, existir". Pois há que sentir o risco de sua inexistência, a dificuldade monstruosa de sua afirmação contemporânea, o desconforto que ela causa, antes de simplesmente referendá-la em alguma chave de segurança ontológica. A existência da experiência estética não é certa, talvez ela nem sequer seja mais possível no interior do horizonte histórico que é o nosso. Há uma coordenada histórica que, se não a invalida por completo, ao menos a problematiza de forma dramática.

Quando foi escrita, no final da década de 1960, essa afirmação ressoava certa situação histórica que se fazia sentir nas sociedades mais adaptadas ao desenvolvimento capitalista. Estávamos em uma época na qual o discurso da integração social através das dinâmicas intervencionistas do capitalismo de Estado ainda afirmava sua hegemonia. Mesmo que tal integração em operação nos ditos Estados de bem-estar

---

[1] ADORNO. *Teoria estética*, p. 5.

social fosse paga com a preservação de relações coloniais, com o subdesenvolvimento dos países do então chamado Terceiro Mundo, com a espoliação massiva de um subproletariado composto por imigrantes, os processos de integração social e psicológica ao horizonte normativo do capitalismo encontravam formas de se sustentar. No entanto, por um momento, nesse contexto histórico do final dos anos 1960, as lutas políticas pareceram mover-se para fora da regulação administrativa dos conflitos sociais, criando sequências de revoltas estruturais no interior dessas mesmas sociedades de alta integração, isso enquanto os ditos países do Terceiro Mundo continuavam suas lutas anticoloniais e suas tentativas de sair da estabilização desigual do subdesenvolvimento. Ou seja, quando for dito haver se tornado autoevidente que nada relacionado à arte era autoevidente mais, o horizonte político-social estava longe de parecer fechado a possibilidades de transformações estruturais e revolucionárias. As lutas políticas indicavam a irredutibilidade das contradições sociais efetivas.

Essa não era apenas uma descrição do horizonte político-social da época. Os próprios campos da produção estética pareciam animados por experiências em vias de aprofundamento de sua capacidade crítica e de elaboração formal, seja no cinema, nas artes visuais, na literatura, no teatro e mesmo na música, que Theodor Adorno, o autor da afirmação em questão, conhecia tão bem. Talvez fosse o caso de lembrar que o momento histórico no qual Adorno insiste na insegurança estrutural a tudo referente à arte era o de plena produção de Pierre Boulez, Luciano Berio, György Ligeti, John Cage, Morton Feldman, Karlhcinz Stockhausen, mas também de John Coltrane, Thelonious Monk, Astor Piazzolla, entre tantos outros. Adorno conhecia bem as potencialidades da produção musical de seu tempo, que encontrava nos seminários de Darmstadt, aonde ele ia com frequência, um local privilegiado de debate e apresentação. Mais ou menos à mesma época em que escreveu a afirmação que comentamos, ele apresentava um texto-manifesto, "Vers une musique informelle", no qual defendia o que entendia ser um campo de potencialidades imanentes da produção musical de sua época.

Poderia então parecer algo contraditório e talvez mesmo extemporâneo enunciar exatamente nesse momento que sequer o direito de existência da arte era autoevidente. Mas o diagnóstico em questão não apontava exatamente para um *estado* atual das obras, e sim para uma *estratégia* necessária no interior de seus procedimentos de composição e criação. Para existir nesse momento histórico, as obras de arte precisavam estar muito próximas de sua própria desaparição. Elas precisavam se construir a partir de sua própria impossibilidade, sentir o risco iminente de sua mudez, lutar contra as tendências internas de seus materiais.

A estratégia apontava para os problemas resultantes da consolidação dos processos de integração psíquica e libidinal que se mostrarão uma das bases mais sólidas do capitalismo. Essa integração se dava de forma preferencial não através de sistemas sociais como a família, as práticas religiosas, a escola ou os hospitais. Todos eles estavam submetidos a um macrossistema que colonizava os demais, dando-lhes seu ritmo, suas estruturas narrativas, organizando suas intensidades, seus limites, suas "pessoas", seus conflitos, sua "visibilidade". Pois não haveria integração social ao capitalismo sem a integração psíquica produzida pela restrição dos usos da linguagem às formas avalizadas por uma junção em plena ascensão entre cultura e produção industrial. Junção que recebia uma alcunha conhecida, "indústria cultural", e que ficaria mais compacta e coesa com o passar do tempo. Essa integração poderia perdurar, como de fato ocorreu, mesmo depois da dessolidarização com as promessas econômicas nas quais um dia o capitalismo havia nos levado a acreditar.

Contra isso, só restava à arte deslocar-se para o limiar de sua própria impossibilidade, servindo-se de todas as estratégias possíveis para nos lembrar que nos falta língua. Cabia à arte fornecer a figura do desconforto com a língua na esperança de fazer desse desconforto a força de emergência de outra sensibilidade capaz de decompor as dinâmicas de integração psíquica que acabariam por fornecer um freio a nossas expectativas de emancipação social. Pois, para que tal emancipação pudesse efetivamente se realizar, seria necessário certa forma de desintegração psíquica que se faz sentir todas as vezes que percebemos que a língua nos falta, ou, antes, que a língua atual, com sua garantia de ordem, lugares e hierarquia, exila-nos.

Cinquenta anos depois, seria o caso de repetir esse gesto e começar mais ou menos do mesmo ponto. Começar repetindo: "Tornou-se autoevidente que nada referente à arte é autoevidente mais, nem em si, nem em sua relação ao todo, nem mesmo em seu direito de existência". Repetir a fim de lembrar que, para ser politicamente relevante, a arte deve colocar em questão sua possibilidade histórica. Só assim ela realiza politicamente a relevância de sua própria possibilidade.

A construção estética do povo e seus descontentes

O sintagma "politicamente relevante" foi acrescido de forma meio abrupta à argumentação. Tal emergência abrupta esconde um pressuposto. Pois há um processo histórico no qual a experiência estética se desenvolve até se colocar abertamente como modelo de emancipação social. Esse processo está ligado à constituição histórica da autonomia estética. Uma constituição no interior da qual encontramos dinâmicas muitas vezes contraditórias que expressam confrontos entre diferentes modelos do que devemos entender por "autonomia". Talvez seja essa uma boa forma de começar: lembrando que "autonomia estética" é o nome de uma zona de conflito e de luta.

No entanto, no interior desse combate, há um eixo que deve ser privilegiado. Pois não será por uma razão anódina que a autonomia estética se consolidará no exato momento em que a arte for compreendida como força indutora da construção de um povo por vir, de uma comunidade por vir. Como se coubesse à arte a produção de vínculos e mitos que outrora foram assumidos pela religião, com seu poder unificador. Como se fosse o caso de a arte desalojar a religião do lugar de poder unificador das esferas sociais de valores, fazendo de certa experiência estética a reconstrução dos horizontes sociais de experiência. Podemos encontrar as raízes desse impulso em textos programáticos do século XIX europeu, como *A educação estética do homem*, de Schiller, e sua afirmação da necessidade de uma "revolução total de todo o modo de sensação",[2] sem se esquecer de sua influência decisiva no jovem Marx. Ou ainda poderíamos lembrar de "O mais antigo programa de sistema do idealismo alemão", fragmento de texto que unia Hölderlin, Hegel e Schelling em uma autoria confusa.

---

[2] SCHILLER. *A educação estética do homem*, p. 129.

Esse pequeno texto é paradigmático de certa forma de crítica social e de ação política que atravessará o século XIX. A procura pela emancipação passava pela recusa de instituições que até então não teriam sido capazes de ser a expressão orgânica da força popular: "Perante a ideia da humanidade, quero mostrar que não há nenhuma ideia de Estado, porque o Estado é algo de mecânico, como também não existe uma ideia de máquina. Só aquilo que é objeto da liberdade se chama ideia. Temos, pois, de ir além do Estado!", dirá o texto, marcado aí claramente pelos impulsos destituintes da Revolução Francesa e pela defesa da força construtiva da ideia. Essa recusa de instituições atuais nos levaria à abertura em direção a uma nova comunidade, baseada na força da criação própria à poesia e em sua suspensão das dicotomias entre mito e razão, entre razão e sensibilidade: "Só então nos aguardará a idêntica formação de todas as forças, tanto do singular como de todos os indivíduos. Já nenhuma força será oprimida. Reina então a geral liberdade e igualdade dos espíritos!".[3] Ou seja, a produção da emancipação social, espaço no qual nenhuma força será mais oprimida e no qual a igualdade real enfim se realiza, passa pela renovação dos laços sociais através da capacidade de novas partilhas produzidas pelo poema, pela capacidade que o poema teria de chamar por uma terra e um povo que ainda não existem. Esse impulso não se esgotará no começo do século XIX, mas, como gostaria de mostrar no próximo volume, atravessará o século XX e terá, inclusive, no Brasil um lugar privilegiado de seu exercício.

Que a reflexão sobre a autonomia estética se consolide exatamente nesse momento, eis algo que não deveria nos surpreender. Ela não nasce aí, pois terá suas raízes em outro debate, próprio à estética musical do século XVIII, como veremos à frente. Mas é nesse momento que ela se consolida e se generaliza, saindo do regime estrito da estética musical para a economia geral da arte. Tal generalização tem uma razão clara. Pois se tratava de fazer das obras de arte vetores de transformações materiais da sensibilidade, e, para tanto, elas precisariam romper o vínculo mimético com a ordem naturalizada da reprodução material da vida. A autonomia estética aparecia nesse momento histórico como

---

[3] HEGEL; HÖLDERLIN; SCHELLING. O mais antigo programa de sistema do idealismo alemão, p. 45.

estratégia que vai se impor na construção de um povo, mesmo que o Hegel maduro não possa ser descrito exatamente como um defensor da autonomia da arte, como veremos.

No entanto, não serão poucos os que questionarão essa compreensão da autonomia estética em sua relevância política. Muitos verão a consolidação da autonomia estética como uma forma melancólica de compensação social. Não podendo transformar o mundo através da realização de ideais reformadores que viam na circulação das obras de arte um potencial "educador" e de reforma social, ela teria se voltado a uma reflexão estéril sobre si mesma, criando com isso uma dinâmica autorreferencial que apenas denunciaria sua impotência efetiva em ser uma prática social com capacidade de transformação de outras esferas sociais de valores.

Lembremos, por exemplo, do que fala Pierre Bourdieu a respeito da formação do campo literário e artístico, com suas exigências de autonomia da arte e dos artistas, na França da segunda metade do século XIX:

> Como não supor que a experiência política dessa geração, com o fracasso da revolução de 1848 e com o golpe de Estado de Luís Napoleão Bonaparte, além da longa desolação do Segundo Império, não tenha desempenhado um papel na elaboração da visão desencantada do mundo político e social que segue o culto da arte pela arte? Essa religião exclusiva é o último recurso dos que recusam a submissão e a demissão.[4]

Afirmações dessa natureza procuram sustentar que a sequência de decepções históricas na Europa do século XIX (1830, 1848, 1871) teria mostrado à literatura, em especial, e à arte, em geral, sua impotência em se colocar como motor do processo de transformação social. Recusar a submissão do artista ao gosto jornalístico e à afirmação do modo de vida de uma época de reino filistino da burguesia só seria possível através da constituição de uma "religião exclusiva" marcada pelo culto de *l'art pour l'art*. Esse modelo compensatório, que fustiga tanto a independência social do artista quanto a independência formal de sua linguagem, servirá de fundamento para todas as denúncias que levantarão a voz contra os "formalismos" da arte no século XX, assim

---

[4] BOURDIEU. *Les règles de l'art: génèse et structure du champ littéraire*, p. 104.

como contra a pretensa incapacidade da arte em integrar, em seu interior, a relação crítica com o mundo social. Pois se trata de desqualificar as consequências políticas das demandas de autonomia estética por estas pretensamente serem a expressão mais bem-acabada de uma dinâmica melancólica de pura e simples evasão. Nessa leitura da *autonomia estética como expressão de certa forma de melancolia social*, a dificuldade e o estranhamento da linguagem artística seriam apenas marcas de sua irrelevância, de sua mistificação.

Essa compreensão da autonomia estética como forma de melancolia social pode levar à defesa de que o questionamento sobre a possibilidade histórica da experiência estética esconderia, na verdade, o declínio de uma experiência estética específica, a saber, essa vinculada a uma autonomia que teria entrado enfim em colapso definitivo. Autonomia que seria apenas uma visão purificada da arte, própria a certo elitismo que desdenha de portar funções sociais específicas,[5] assombrada pela compreensão da experiência estética como expressão do gênio, procura heroica e viril do sublime. Como se fosse questão de mostrar o comprometimento ideológico de certo "excepcionalismo estético"[6] com sua figura fáustica do gênio criador que suspende a ordem como um soberano que teria a força de decretar Estados de exceção. Ou seja, seria o caso de nos despedirmos dessa experiência estética, dessa mistificação social, isso em prol de uma arte mais colaborativa, que "não se inquieta mais em se distinguir das culturas populares através da originalidade de sua língua".[7] Arte que possa ser apreendida por todos, sendo assim uma experiência mais democrática e menos hierárquica. Contra certa "abstração" presente nessas estratégias de autonomia estética, haveria que encontrar formas de um realismo saudável e democrático.

---

[5] Valeria meditar sobre afirmações de Adorno como: "Desde os primórdios da era burguesa, a *raison d'être* de toda arte autônoma consiste em que somente aquilo que não tem utilidade responde por aquilo que o útil poderia ser um dia, o uso feliz, o contato com as coisas para além da antítese entre o utilizar e a falta de utilidade. Isso faz com que as pessoas que querem algo melhor rebelem-se contra o que é prático" (ADORNO. *Sem diretriz: Parva Aesthetica*, p. 43).

[6] DE BOEVER. *Against Aesthetic Exceptionalism*.

[7] GEFEN. *L'idée de littérature: de l'art pour l'art aux écritures d'intervention*, p. 16.

Encarnar uma abstração

Mas talvez fosse o caso que começar por lembrar o que esse debate efetivamente esconde, quais são as posições que ele efetivamente naturaliza. Tal crítica da autonomia mobiliza normalmente uma constelação de temas e conceitos correlatos: culto da abstração, perda da comunicação, recusa elitista das expressões populares. Essa constelação orienta ainda hoje posições que se julgam mais aptas a defender a função da experiência estética em processos de emancipação social.

No entanto, não deixa de ser interessante perceber como ocorrem certas migrações de dispositivos críticos para o campo das artes. Tomemos, por exemplo, a crítica à abstração. Foi no interior dos debates *conservadores* contra o papel das "ideias abstratas" no curso da Revolução Francesa que a abstração apareceu como uma operação social de produção, e não apenas como uma característica do comportamento cognitivo da consciência, como podemos ver, por exemplo, em John Locke.[8] Teóricos com Edmund Burke passarão à história por denunciarem como as ideias abstratas da classe intelectual, ao se transformarem em motor de demanda social, produziam, na verdade, destruição e terror.[9] Como se houvesse uma violência que seria própria da ação da abstração quando esta se transformava em horizonte para o comportamento prático. Uma violência indissociável dos desejos de instauração, da anulação das relações anteriores em direção a um sistema de relações que exigia novos sujeitos, novas sensibilidades. Como se toda revolução trouxesse necessariamente uma demanda de abstração. Por isso, pensam alguns, elas só poderiam terminar em terror e catástrofe.

Conhecemos também como tal força terrorista da abstração aparece nas leituras que Hegel faz da violência revolucionária jacobina, um pouco depois das elaborações de Burke. Por ser animado por uma concepção de liberdade que, no fundo, é uma abstração, o jacobinismo só poderia terminar na anulação violenta de toda determinidade. Ele

---

[8] "A mente tem um poder para abstrair suas ideias, e então elas se tornam essências, essências reais, através das quais os tipos de coisas são distinguidos" (LOCKE. *An Essay Concerning Human Understanding*, p. 422).

[9] Ver BURKE. Reflections on the Revolution in France. In: *The Portable Edmund Burke*.

seria a "liberdade absoluta" transformada em *fúria da destruição*, por ser liberdade que não reconhece nenhuma possibilidade de institucionalização, que vê todo direito como perda da espontaneidade livre do entusiasmo revolucionário e que, por isso, volta-se contra tudo que procura determiná-la, contra todo governo possível. Como Hegel dirá na *Fenomenologia do espírito*, para essa liberdade absoluta e abstrata: "O que se chama governo é apenas a facção vitoriosa, e no fato mesmo de ser facção, reside a necessidade de sua queda, ou inversamente, o fato de ser governo o torna facção e culpado".[10]

Ou seja, nesses casos, a abstração aparece principalmente como uma forma de violência, seu desejo de instauração só poderia ser o lugar de inversão das expectativas de liberdade em terror. Como a construção que a anima não teria relações com as estruturas concretas da vida ordinária, ela só poderia se efetivar como uma forma de recusa do mundo, embora, ao menos no caso de Hegel, e nesse ponto contrariamente a Burke, ele ainda tenha o cuidado de reconhecer a esse empuxo de abstração um conteúdo de verdade na história mundial do Espírito e na constituição da vontade livre.

Não será então motivo de surpresa encontrarmos tal temática em operação no campo contemporâneo das artes. Ou seja, certas correntes estéticas herdarão da política conservadora e reacionária essa desconfiança em relação à abstração. Pensemos, por exemplo, na afirmação de críticos de arte contemporâneos que terão em vista a defesa de alguma forma de "realismo", como Pierre Restany, ao afirmar que: "a arte abstrata recusava por definição todo apelo da realidade exterior: arte de evasão e recusa do mundo, ela correspondeu à manifestação extrema de uma visão pessimista da condição humana".[11] É assim que Restany pretendeu se despedir do modernismo estético, a saber, compreendendo o desejo modernista de instauração como evasão melancólica do mundo que só poderia terminar em autocontemplação estéril e impotente do jogo livre das formas abstratas. Da mania revolucionária dos intelectuais

---

[10] HEGEL. *Fenomenologia do espírito*, p. 97. Sabemos como Paulo Arantes constrói a arqueologia dessa abstração aterrorizante na própria posição desenraizada da classe intelectual. Ver, por exemplo, ARANTES. *Ressentimento da dialética*, p. 80-127.

[11] RESTANY. *Le Nouveau Réalisme*, p. 167.

teria sobrado apenas a melancolia de uma "visão pessimista da condição humana" transformada em motor de estetização. Poderíamos mesmo dizer: fomos das barricadas ao Grande Hotel Abismo.

Essa é a versão melancólica. Mas notemos como um leitor de Hegel trará a crítica ao terrorismo da abstração e da autonomia para dentro da crítica de arte. Pois é de Arthur Danto a afirmação do potencial político pretensamente deletério das estratégias modernistas de "purificação":

> A história do modernismo é a história da purificação, da limpeza generalizada, do libertar a arte do que quer que lhe fosse acessório. É difícil não ouvir os ecos políticos dessas noções de pureza e purificação, qualquer que fosse realmente a política de Greenberg. Esses ecos ainda se debatem de um lado para o outro no campo tormentoso das disputas nacionalistas, e a noção de limpeza ética tornou-se imperativo que provoca calafrios produzidos pelos movimentos separatistas pelo mundo afora. Não é surpreendente, simplesmente chocante, reconhecer que o análogo político do modernismo na arte foi o totalitarismo, com suas ideias de pureza racial e sua agenda visando expulsar qualquer agente contaminador percebido?[12]

Dificilmente encontraremos colocações mais explícitas de crítica a certo, digamos, "jacobinismo estético" supostamente própria à autonomia estética. Danto coloca na conta do desejo de abstração, com suas estratégias de purificação e insensibilidade, a cumplicidade estética com a pretensa unidade totalitária na vida social. Mas, se sua análise tivesse algum fundamento real, seria difícil entender por que, concretamente, os ditos regimes totalitários, em larga medida, recusaram o modernismo, como se se tratasse de degeneração, de formalismo distante do pretenso realismo popular.[13] Até segunda ordem, nazistas não ouviam Schönberg, sua estética era eminentemente neoclássica, haja vista a arquitetura de Albert Speer. Stalinistas não passaram à história por defenderem a "arte abstrata", mas sim por quebrarem o ímpeto das vanguardas russas a fim de impor um realismo socialista em nada vinculado ao horizonte modernista. Por fim, a relação entre

---

[12] DANTO. *Após o fim da arte: a arte contemporânea e os limites da história*, p. 78.

[13] Ver, a esse respeito, CHAPOUTOT. *La révolution culturelle nazie*.

o fascismo e o futurismo era uma relação contraditória e complexa, não uma relação de causalidade necessária.

Talvez não seja estéril lembrar que o contraponto a tal purificação politicamente suspeita seria, para Danto, a "transfiguração do lugar comum" (mais um dos sintagmas de uma arte mais apta à vida democrática e sem os desejos de ruptura vinculados à autonomia estética) produzida pela estética da mercadoria colocada em circulação no campo artístico pela *pop art*. Há que perguntar que tipo de reconciliação social é essa que nos leva a depor o olhar crítico em relação às dinâmicas de fetichização próprias à generalização da forma-mercadoria. É preciso salientar a natureza claramente política de afirmações como:

> O expressionismo abstrato estava preocupado com processos ocultos e relacionado com premissas surrealistas. Os seus praticantes procuravam ser xamãs, em contato com forças primordiais. Era completamente metafísico, ao passo que a *pop* celebrava as coisas mais comuns dos modos de vida mais comuns – flocos de milho, sopas enlatadas, sabão em pedra, estrelas de cinema, histórias em quadrinhos. E pelo processo de transfiguração, a *pop* conferiu-lhes um ar quase transcendental [...]. [Ela respondeu] a um sentimento universal de que as pessoas queriam desfrutar suas vidas agora, tal como elas eram, e não em algum plano diferente, em algum mundo diferente ou, ainda, em algum estágio posterior da história para o qual o presente era uma preparação.[14]

A abstração interna à força pictórica de Cy Twombly, Jackson Pollock, Mark Rothko, entre outros, é compreendida como uma forma de mistificação xamânica, enquanto a *pop art* aparece como a expressão do pretenso sentimento universal de não querer mais do que se tem, não querer ser diferente do que se é.[15] Contra o pretenso messianismo metafísico da abstração, teríamos a sabedoria estoica da *pop art* e sua reconciliação com o curso do mundo. Mas que os exemplos do comum sejam dados todos por mercadorias culturais e sabão em pó, ou seja, por abstrações mercantis como formas-equivalentes, eis algo

---

[14] DANTO. *Após o fim da arte: a arte contemporânea e os limites da história*, p. 144-145.

[15] Uma leitura contrária do expressionismo abstrato, que insiste em sua vulgaridade e seu prosaísmo, pode ser encontrada em CLARK. *Modernismos*.

que deveria nos colocar questões políticas sobre os modos de produção do comum, pois não é claro que exista um sentimento universal por desfrutar sopas enlatadas. Alguém poderia dizer que, na ausência de uma teoria elementar da forma-mercadoria como modo de reificação social, estamos simplesmente confundindo servidão e liberdade, alienação e autenticidade, em suma, abstração real (ligada à estética da mercadoria) e retorno ao sensível. A abstração da mercadoria tenta se passar por realidade concreta ao apagar o fato de ser uma "coisa sensível suprasensível",[16] como dizia Marx. Essa realização do valor tende a fascinar mais de um, até mesmo filósofos norte-americanos da arte. Já a abstração própria a certas obras de arte concebidas em processos revolucionários é outra coisa. O mesmo vale para a assunção consciente da abstração como potência criadora, como podemos encontrar na coreógrafa Anne Teresa de Keersmaeker, quando afirma: "o real é rítmico, ao mesmo tempo vivente e numerável, sem que exista contradição [...] coreografar é incarnar uma abstração".[17]

Mas há que reconhecer que essa acusação à abstração de misturar melancolia e terror parece tocar certos riscos concretos imanentes ao desejo de instauração que a autonomia estética parece procurar realizar. Esse risco nem sempre é efetivamente dimensionado. Dentre vários exemplos, um dos mais significativos diz respeito a nossa realidade nacional. Pois nos lembremos aqui de uma colocação significativa relativa ao projeto urbano modernista entre nós. Quando perguntado sobre a especificidade do modernismo brasileiro, o crítico de arte Mário Pedrosa estabeleceu uma comparação com o modernismo mexicano:

> Para melhor captar o caráter particular de nossa revolução da arquitetura no plano social e artístico, seria útil fazer um ligeiro paralelo entre a revolução brasileira e a revolução mexicana. Esta última teve lugar antes que a nossa; possuía, em certos aspectos, um caráter racial. Foi, nesse sentido, um protesto das raças autóctones oprimidas. A revolução mexicana teve sobretudo um caráter de restauração, de revanche do peão índio contra o ocupante branco, contra o conquistador

[16] MARX. *O capital*, p. 146.

[17] DE KEERSMAEKER. *Incarner une abstraction*, p. 8.

espanhol, destruidor de antigas culturas, de antigas civilizações representadas em nossos dias pela velha raiz popular do país. Entre nós, nada disso; nada de velhas culturas, mas uma população dispersa de índios nômades. Mesmo o negro é trazido de fora; apesar da escravidão a que foi submetido, trabalhou no mesmo sentido que o português, isto é, para conquistar a terra selvagem, para domesticar a natureza virgem. O caráter reivindicativo ou antes vindicativo das raças oprimidas oferece aos artistas mexicanos seus temas no plano social e político. Eis por que, na arte, é a pintura que conhece sua mais bela realização, mas a pintura social representada pelo mural afresco. O muro foi conquistado pela pintura, não a pintura para o muro, isto é, para a arquitetura. Esta não conheceu, como no Brasil, uma renovação total, permaneceu o que era antes da revolução. Entre nós, ao contrário, é a arquitetura que precedeu o mural. Os jovens arquitetos foram os verdadeiros revolucionários; e a revolução que eles empreenderam foi a sua, em nome de ideais sociais e estéticos muito afirmados, bem mais profundos que os dos políticos, e de sua revolução, além do mais muito superficial. No Brasil a primazia no plano artístico coube à arquitetura, o importante era criar algo novo, ali onde o solo era ainda virgem.[18]

Segundo Pedrosa, o modernismo mexicano teve de lidar com uma cultura autóctone forte (astecas, maias), uma atitude vindicativa da velha raiz popular do país. Daí o gesto de tomar os muros, de imprimir neles as narrativas das classes subalternas e oprimidas pelo colonialismo. Como se as paredes e os muros levantados contra a "indiaiada" caísse através de sua transformação em espaço revolucionário de reconquista da cultura silenciada. A pintura aparece aqui como a marca do enraizamento da autoctonia que nunca se esquece.

Já o modernismo brasileiro não conheceria nenhuma cultura autóctone forte com a qual seria necessário negociar. "Entre nós, nada de velhas culturas, mas uma população dispersa de índios nômades." Mesmo as pessoas escravizadas aparecem como vetores de um desejo de serem senhores da "terra selvagem", dominadores da "natureza virgem". Por isso, o modernismo brasileiro poderia ser animado pelo desejo de

---

[18] PEDROSA. *Arquitetura: ensaios críticos*, p. 84-85.

construção absoluta do espaço através de sua instauração geométrica, de abertura de grandes vãos de concreto armado. O espaço aqui seria vazio, por isso plástico, pronto a ser redimensionado pela força da arte pública. O que explica por que seria a arquitetura, e não a pintura, o vetor impulsionador do modernismo entre nós.

Mário Pedrosa não teria percebido, no entanto, como a força de instauração do modernismo arquitetônico brasileiro seria solidária da violência contra o que já existia, isso a ponto de anular sua existência, como se a arquitetura e o urbanismo modernista precisassem criar o mito de que eles estariam se desdobrando em uma tábula rasa, em um espaço vazio sem fricção alguma, em um "solo ainda virgem". Solo de gente sem autoctonia, pois nômade. Dificilmente teremos exemplo mais claro de como a força de abstração do urbanismo modernista brasileiro seria proporcional a sua capacidade de tornar invisível o que existia antes, de negar, em uma negação sem retorno, as formas então enraizadas nas práticas sociais de povos que não queremos mais ver.[19] O que repete uma lógica colonial constituinte da realidade brasileira, essa mesma lógica do espaço como "puro mato". Que tal proposição e cegueira venha do maior de todos os críticos de arte que existiu entre nós, isso não deixa de ser ainda mais dramático.

Contra a conciliação com a vida

Para alguns, tais exemplos nos lembrariam como caberiam à abstração apenas dois destinos possíveis: a evasão melancólica do mundo, que só poderia terminar em uma *art pour l'art* divorciada de toda experiência concreta, arte presa em uma "torre de marfim" que se construiria até o cume da incomunicabilidade, ou a paixão cega de devastação do existente. Nesse sentido, a recusa contemporânea da abstração seria fruto da consciência desse impasse. Ela seria fruto de um desejo de retorno a coisas e a práticas plenas de sentido no interior

---

[19] Haveria que confrontar tais colocações de Mário Pedrosa com a crítica à violência da colonização modernista do espaço nacional presente em ROSA. *Primeiras estórias*, p. 41. Para essa questão, remeto ao último capítulo de SAFATLE. *Dar corpo ao impossível: o sentido da dialética a partir de Theodor Adorno.*

do mundo da vida, como afirmou Danto. No campo das artes contemporâneas, talvez ninguém melhor do que Nicolas Bourriaud tenha exprimido tal crença: "as utopias sociais e a esperança revolucionária deram lugar a microutopias cotidianas e a estratégias miméticas: toda posição crítica 'direta' da sociedade é vã se ela se basear na ilusão de uma marginalidade atualmente impossível, até mesmo regressiva".[20] Pois se trataria de apostar no fim do "imaginário de oposição" modernista, no esgotamento da noção mesma de conflito em prol de formas novas de "coexistência" capazes de circular no "tempo real das experimentações concretas". Esse tempo real recusaria a paixão pela abstração com sua incomunicabilidade. Ele se afastaria do terror e do desamparo que a abstração produz, prometendo uma arte do acolhimento e da construção de possibilidades de experiência comum, de formas sociais de relação protegidas pela instituição artística e suas estruturas (museus, galerias, centros culturais etc.).

Tal perspectiva de análise é ainda hegemônica. No campo artístico, ela tem uma razão política de existência, como já deve ter ficado claro. A recusa da autonomia se funda na defesa do caráter intransponível da gramática social atualmente em operação em nossas formas de vida. Ela se funda na denúncia do terrorismo imanente a toda tentativa de produzir uma metamorfose estrutural, uma deposição global de tal gramática. No entanto, ela esquece que a mera afirmação laudatória dos potenciais liberadores de novas partilhas coletivas ignora que a posição de uma intersubjetividade liberada, em um horizonte social coercitivo como o que nos é próprio, tende a produzir a ilusão de que potenciais de emancipação já estariam pretensamente presentes nas formas atuais de vida. Nesse sentido, retirar das obras de arte o momento de consciência de sua incomunicabilidade e refração é involuntariamente reiterar a comunicação mutilada que predomina hoje. É fazer da produção artística uma antessala dos modos atuais de "cooperação" e "*coworking*".[21]

---

[20] BOURRIAUD. *Esthétique relationnelle*, p. 32.

[21] Não haveria, nesse ponto, como discordar de Ricardo Fabbrini, para quem: "podemos indagar se o voluntarismo das vanguardas históricas fundado no artista-inventor, herdeiro da noção romântica de gênio, não teria sido substituído, nestas manifestações

Ou seja, a defesa atual de uma imersão da estética nas "atividades ordinárias" ou na generalidade da reprodução da vida é mistificadora, ela pressupõe uma decomposição da tensão entre arte e vida que serve apenas para criar a ilusão de que as condições socioeconômicas para tal conciliação estão dadas. Quando, por exemplo, no interior da Comuna de Paris, a classe trabalhadora exigia um horizonte de experiências sociais capaz de depor a divisão entre trabalho manual e trabalho intelectual ou artístico, horizonte que levava, por exemplo, antigos "artesãos" a quererem ser reconhecidos como "artistas sapateiros", era porque a reversão radical da ordem de sujeição do trabalho, a liberação do trabalho em relação a sua condição de processo de autovalorização do valor, permitia "criar uma nova relação sensual com a matéria – sua textura, sua densidade, sua maleabilidade e sua resistência –, assim como com nosso próprio trabalho, com as diferentes etapas da fabricação e com a fabricação renovada sem cessar de nossas próprias faculdades".[22] Ou seja, a dissolução da tensão entre obra de arte e produção econômica no interior da vida podia ser exigida por estarmos em um processo revolucionário de luta contra a sociedade capitalista do trabalho. Essa luta, como o jovem Marx já sabia, implicaria necessariamente o fim da riqueza como autovalorização do Capital e uma efetiva produção da "riqueza da sensibilidade humana".[23]

---

pelo voluntariado do artista-manager, como excepcional organizador [...]. É preciso examinar, em outros termos, se na tentativa de suprir a ausência de políticas sociais, o que teríamos nos espaços de arte relacional ou radicante é uma sociabilidade glamourizada, fictícia porque factícia, um espaço polido e desdramatizado, um simulacro, enfim, da sociabilidade dita real porque fundada na imprevisibilidade e nos conflitos, tal como se manifesta ordinariamente no espaço público" (FABBRINI. *Arte e vida: do moderno a contemporâneo*, p. 63).

[22] ROSS. *L'imaginaire de la commune*, p. 80.

[23] "É somente graças à riqueza objetivamente desenvolvida da essência humana que a riqueza da sensibilidade humana subjetiva é em parte cultivada, e é em parte criada, que o ouvido torna-se musical, que o olho percebe a beleza da forma, em resumo, que os sentidos tornam-se capazes de gozo humano, tornam-se sentidos que se confirmam como forças essenciais humanas. Pois não só os cinco sentidos, como também os chamados sentidos espirituais, os sentidos práticos (vontade, amor, etc.), em uma palavra, o sentido humano, a humanidade dos sentidos, constituem-se unicamente mediante o modo de existência de seu objeto, mediante a natureza humanizada" (MARX. *Manuscritos econômico-filosóficos*, p. 17).

No entanto, a absorção dessa temática fora de um horizonte histórico propriamente revolucionário só pode ser vista como farsa,[24] como estratégia de adaptação às flexibilizações gerenciais do capitalismo em sua ampliação em direção ao que anteriormente era definido como esfera da vida privada. Nesse contexto, a defesa da conciliação atual possível entre arte e vida aparece como insensibilidade em relação aos processos efetivos de sujeição da atividade humana às estruturas alienantes do trabalho como mercadoria, mesmo que esse trabalho não seja mais o trabalho da produção industrial e do emprego formal, mas o trabalho difuso da monetização da intimidade e valorização corporativa de si em sistemas de rede. Por isso, a impossibilidade da conciliação entre arte e vida deve ser afirmada como estratégia de transformação possível da vida em arte.

É claro que se pode sempre lembrar, com correção, que tal generalização da extração do valor integra, inclusive e sobretudo, a própria produção do que se chama atualmente de "obras de arte", a organização de sua circulação e exposição. A integração financeira da arte é um fato deveras evidente para ser objeto de questionamento. Imaginar que tal integração não interfira na lógica interna das obras seria uma abstração injustificável. Por isso, as obras de arte fiéis a seu conteúdo de verdade são aquelas que levam ao paroxismo sua situação instável, que refletem sobre seu risco imanente de desaparecimento devido à perda de lugar social. Elas evitam afirmar uma reconciliação possível com a vida, por terem consciência da sua incerteza como arte.

Democracia estética como farsa

Isso talvez nos permita melhor abordar um *tópos* constantemente mobilizado em debates estéticos contemporâneos a respeito da possibilidade de estarmos, na verdade, diante de uma mutação da produção artística em direção a regimes mais adaptados a uma vida democrática.

---

[24] Como será sempre uma farsa grotesca acreditar que estaríamos entrando em uma era na qual, por exemplo, a respeito da produção literária: "o escrito é simplesmente pensado como uma atividade intensiva de investimento da língua e de subjetivação considerada com modéstia como relevando o ordinário, voluntariamente heterônomo e socializado" (GEFEN. *L'idée de littérature*, p. 36).

Pois seria o caso de lembrar como a discussão sobre a possível readaptação da produção artística aos quadros da vida democrática tem, na verdade, a idade da *Crítica da faculdade do juízo*, de Kant, ao menos se seguirmos uma linha de leitura que parece começar com Hannah Arendt e sua compreensão da articulação entre estética e política a partir da emergência de um "senso comum que é um senso comunitário, *sensus communis*".[25] Kant falará de um "*gemeinschaftlichen Sinnes*". Nesse sentido, a experiência estética seria algo como os prolegômenos para toda convivência possível à diversidade, isso graças à emergência de um senso comum (que não por acaso vem do grego αισθησις κοινη) que permitiria "ajuizar *a priori* a comunicabilidade dos sentimentos que são ligados a uma representação dada (sem a mediação de um conceito)",[26] realizando assim expectativas de comunicação universal e reconhecimento genérico. Juízos de gosto não se contentariam em ser solipsistas. Eles expressariam o desejo em ser comunicáveis e partilhados. Quando julgamos, julgaríamos como membros de uma comunidade, seja ela atual ou potencial. O que nos levaria a defender que "gosto" é um julgamento vinculado à possibilidade de comunicarmos nossos sentimentos ao Outro, defendendo assim certo cosmopolitismo com consequências, ao mesmo tempo, estéticas e políticas.

Nesse contexto, valeria a pena lembrar o que dirão Otília e Paulo Arantes a respeito da aparência de democratização do juízo de gosto no esteio da constituição da esfera pública burguesa:

> na comunicação pública, que vincula os indivíduos em torno da obra-mercadoria devassada pela crítica, todos reclamam com razão a mesma competência judicativa. A esfera pública da arte autônoma não só antecipava como prefigurava a miragem política burguesa. Iguais no juízo estético – cuja universalidade pressuposta, porém indeterminável e tacitamente partilhada, recalcava o *bourgeois* no homem genérico – iguais também no céu abstrato da política, futuros *citoyens* de uma República dos fins que antes fora das Letras.[27]

---

[25] ARENDT. *Lectures on Kant's Political Philosophy*, p. 72.

[26] KANT. *Crítica da faculdade do juízo*, § 40.

[27] ARANTES; ARANTES. *Um ponto cego no projeto moderno de Jürgen Habermas*, p. 41.

Essa leitura da arte como antecâmara da vida democrática, ao menos na maneira como as democracias liberais a concebem, parte da pressuposição de a autonomia da arte ter a mesma idade que a esfera pública liberal-burguesa.[28] Paulo e Otília Arantes fornecem o contexto histórico da defesa transcendental feita por Kant. Eles entendem bem que toda determinação transcendental é uma instituição social. Nesse sentido, a recuperação da autonomia estética valeria como garantia de que nosso sistema de experiências sociais já portaria em si a possibilidade de construção de campos alargados de reconhecimento no interior dos quais seria possível "pensar por si, pensar no lugar de qualquer outro, pensar sempre em acordo consigo próprio",[29] operar descentramentos de perspectiva, sem que para tanto fosse necessária uma radical transformação do domínio da dimensão prática e seu sistema de reprodução material da vida. Ou seja, as condições de atualidade e o horizonte de suas possibilidades imanentes já definiriam o campo no interior do qual se desdobrarão as dinâmicas de produção e reconhecimento do que uma obra de arte seria capaz. Esse era o risco de integrar o juízo de gosto em uma "faculdade".

Nesse sentido, não deixa de ser desprovido de interesse perceber que muitos dos que defendem atualmente o ocaso da autonomia estética engajam-se nessa via por quererem preservar o potencial "democrático" do senso comum. Como se fosse o caso de livrar a arte de sua crença na irredutibilidade de sua própria linguagem a fim de recuperar seu potencial de conciliação com a experiência ordinária e seu sistema de formas.

Por essa razão, há que lembrar como a universalidade a que a obra de arte aspira não deveria em absoluto ser articulada a alguma pretensa tradutibilidade genérica em um campo indexado pela existência de um senso comum. Melhor seria ver nela a figura do excesso em relação aos processos de determinação imanentes de sentido socialmente partilhado. Levar em conta tal excesso exige um modo de relação que não é apenas relação à alteridade, mas algo mais estrutural, a saber, relação ao que se

---

[28] Ver, a esse respeito, FRÜCHLT. On the Use of the Aesthetic for a Democratic Culture: A Ten-point Appeal; ou, ainda, FRÜCHLT. Entrevista. A crítica a posições dessa natureza tinha sido feita previamente por PRADO JR. Ética e estética: uma versão neoliberal do juízo de gosto.

[29] KANT. *Crítica da faculdade do juízo*, § 40.

apresenta como acontecimento que destitui os limites do senso comum.[30] Não é por acaso que o fundamento de um dos eixos centrais de produção da experiência estética nos últimos duzentos anos não será exatamente o *sensus communis*, mas o que é desprovido de senso, insensato, pois estabelecido em relação à loucura, que não por acaso será considerada por Kant como um *sensus privatus*, como uma paradoxal linguagem privada. E não se trata apenas de lembrar experiências subjetivas articuladas entre a criação e a loucura (Hölderlin, Nerval, Artaud, Munch, Schumann, Bispo do Rosário ou a consciente e voluntária exploração limiar de Lygia Clark, entre tantos outros), mas há que lembrar também dos processos de criação que se constroem deliberadamente contra as garantias comunicacionais do senso comum.

Seria melhor levar em conta tal excesso em vez de defender alguma forma possível de uso "contra-hegemônico" do senso comum, como se fosse possível transformá-lo através de ações como essas, que visam "tornar visível o que o consenso dominante tende a obscurecer e obliterar, dando voz a todos os silenciados no interior da estrutura da hegemonia existente".[31] Por mais politicamente engajada que tais perspectivas possam parecer, elas cometem os mesmos erros das estratégias populistas de esquerda em política, a saber, compor forças em direção à hegemonia, mas acabar por encontrar a paralisia. Uma paralisia que nunca é tematizada a partir das contradições imanentes às próprias cadeias populistas de equivalência. Pois seria o caso de se perguntar sobre o riscos de práticas contra-hegemônicas que precisam operar com a pressuposição de um senso comum no interior do qual se desdobrarão os antagonismos. Ao menos quando falamos do campo estético, há a exigência de certa restrição do domínio da luta, pois se trata de lutar no interior de uma gramática pressuposta para desviar seus elementos, "hackear" seus procedimentos, redefinir seus agentes. Tais operações, por mais que tenham seu interesse e valor, precisam assumir um limite. Pois seria interessante se perguntar sobre o que práticas contra-hegemônicas precisam preservar para organizar o antagonismo na forma da "contra-hegemonia", o que elas

---

[30] Sobre a compreensão da obra de arte como acontecimento, ver sobretudo BADIOU. *Manuel d'inesthétique.*

[31] MOUFFE. *Agonistics: Thinking the World Politically*, p. 93.

não devem tocar e questionar. O quanto ser contra a *hegemonia* nos leva à preservação da hegemonia? Ou, se quisermos: o quanto tal preservação não implicará movimento em um primeiro momento e paralisia em um segundo momento? Exatamente como vimos de forma exaustiva nas práticas políticas populistas de esquerda.

O que trata de se defender aqui é a ideia de que a aplicação da lógica das lutas contra-hegemônicas ao campo das artes exige, paradoxalmente, uma restrição da força de produtividade das obras no nível da forma. O que não poderia ser diferente. A exigência de dar voz aos silenciados é, nesse contexto, preferencialmente compreendida como o dever (no sentido moral do termo) das obras de recuperar documentos, de comunicar perspectivas recalcadas, de denunciar apagamentos sociais e culturais, de colocar em circulação a fala de subalternos. Em muitos desses casos, artistas aparecem como documentaristas ou antropólogos da violência social. Mas, por mais que obras dessa natureza estejam imbuídas de moralidades da denúncia, é sintomático que em muitos casos elas absorvam os modos de exposição, a gramática da visibilidade que impera nos usos políticos de redes sociais, assim como a funcionalização que submete toda decisão formal ao cálculo de impacto e clareza da mensagem. Nesse sentido, as obras abdicam de serem o espaço de reconfiguração estrutural da sensibilidade para serem uma extensão de um modo de comunicação que impera nos outros campos da cultura.

Além disso, há de se lembrar a contradição de transformar museus, galerias e centros culturais dos grandes centros mundiais em espaço privilegiado de denúncia contra-hegemônica e decolonial. Claro que vivemos em sistemas de contradições contínuas, mas caberia às obras de arte fiéis ao seu conteúdo de verdade não esconder tais contradições, não apagá-las, mas expô-las de forma a fazer das obras o espaço de autoquestionamento de suas próprias existências e possibilidades. Obras de arte não temem em se construírem perto demais de sua própria desaparição.

Descolonizar a imaginação

Há uma forma possível de pensar a paralisia que acompanha a projeção da lógica contra-hegemônica ao campo das artes. Pois podemos começar por lembrar que, quando Kant escreve a *Crítica da faculdade do juízo*, nós nos encontrávamos no momento histórico em que a experiência estética lutava para se livrar de funções sociais específicas, de sua submissão às demandas comunicacionais da linguagem e a programas de edificação moral e pedagógica. Essa luta produzirá, na verdade, a pressão pelo que não tem lugar no interior da vida social, com seus modelos hegemônicos de reprodução material e de determinação subjetiva. Nesse sentido, a temática da experiência estética como violência contra a imaginação (que aparece em Kant, é verdade, mas quando o sublime entra em cena, parte da Terceira Crítica que alguns de seus leitores e leitoras contemporâneos preferem esquecer) deve ser compreendida como a tentativa de liberar a sensibilidade, o tempo e o espaço dos modelos de colonização produzidos pelo primado histórico da consciência, com seus modos historicamente situados (e não transcendentalmente deduzidos) de presença e representação. Por isso, a emergência da autonomia estética será mais ambígua do que a emergência da esfera pública liberal-burguesa. A insistência em sua necessidade não apenas será expressão de fidelidade retardatária a um projeto liberal de esfera pública, mas pode também se colocar como o seu contrário, a saber, como reconhecimento da inefetividade de postular horizontes normativos de consenso potencial.

Longe de uma faculdade livre, a imaginação é uma faculdade disciplinada em seus modos de organização da experiência sensível. Tal natureza da imaginação foi explorado de forma paradigmática por Heidegger em sua crítica ao intuicionismo de Kant.[32] Partindo de críticas dessa natureza, podemos complementar insistindo que a violência da experiência estética contra a imaginação, que encontramos na temática do sublime, será violência contra as limitações sociopolíticas implicadas no próprio exercício esquematizador da imaginação e contra aquilo que a pretensa transcendentalidade do senso comum procura esconder. Nesse ponto, não é possível seguir autores como Christoph Menke,

---

[32] "A percepção imediata de um dado, por exemplo, desta casa, já contém necessariamente uma vista prévia esquematizadora da visão em geral, é apenas através desta vista prévia [*Vor-stellung*] que o ente reencontrado pode se manifestar como casa, pode oferecer a vista de uma 'casa dada'" (HEIDEGGER. *Kant e o problema da metafísica*, p. 130). Essa vista prévia é conformação do mundo à natureza projetiva da representação do sujeito. Na verdade, ela é o eixo de um "psicologismo" que habitaria a estética transcendental kantiana.

quando afirmam que o livre jogo da imaginação não segue lei alguma.[33] Décadas atrás, Adorno e Horkheimer já haviam insistido em que o primeiro serviço fornecido pela indústria cultural ao consumidor era exatamente o "esquematismo": "A função que o esquematismo kantiano ainda atribuía ao sujeito, a saber, referir de antemão a multiplicidade sensível aos conceitos fundamentais, é tomada ao sujeito pela indústria cultural. O esquematismo é o primeiro serviço prestado por ela ao cliente".[34] É o esquematismo da imaginação que a indústria cultural toma do sujeito, é sua imaginação que é expropriada. Expropriação essa só possível porque tal esquematismo sempre foi um produto social. Essa era uma maneira de criticar o desconhecimento do caráter socialmente regulado da imaginação e das estruturas sociais da comunicação que o senso comum permite.

Isso explica como a incomunicabilidade crescente da experiência estética será a expressão maior de uma decisão política mais consequente do que a generalização de práticas contra-hegemônicas para o campo artístico. Pois, para a experiência estética, não haverá outra alternativa a não ser fazer a gramática da linguagem ordinária desabar, impedir que ela nomeie o que quer que seja, para que outro campo de experiência seja possível. A arte mostrará saber, melhor que qualquer outra práxis, que "César é também senhor da gramática", que o exercício do poder encontra-se fundamentado na elaboração das condições sintáticas da vida social, na imposição de uma gramática que regulará o sentido das ações, o horizonte dos problemas, a configuração das soluções, a estrutura dos sujeitos agentes, a urgência das decisões. Todo desejo de incomunicabilidade que a arte mobiliza de forma cada vez mais insistente desde o final do século XVIII aponta para o questionamento de tal domínio gramatical.[35] Vale para a experiência estética o que disse Carl Schmitt a respeito da política:

---

[33] Ver FRÜCHLT; MENKE; REBENTISCH. Ästhetische Freiheit: eine Auseinandersetzung, p. 126-135. Do ponto de vista antropológico, não é a imaginação que pode nos fornecer um espaço de desdobramento das conexões produzidas por uma estética da força. Melhor seria procurar tematizar diretamente o conceito de "pulsão".

[34] ADORNO; HORKHEIMER. *Dialética do esclarecimento*, p. 103.

[35] Sobre a relação entre romantismo e processo revolucionário, ver principalmente LÖWY; SAYRE. *Revolta e melancolia*. São de Michael Löwy algumas das formulações mais

No que diz respeito a conceitos políticos decisivos, interessa justamente quem os interpreta, define e aplica; quem, através da decisão concreta, diz o que é paz, desarmamento, intervenção, ordem pública e segurança. Uma das manifestações mais importantes da vida legal e espiritual da humanidade em geral é o fato de que aquele que possui o verdadeiro poder é capaz de determinar o conteúdo dos conceitos e das palavras. *Cæsar dominus et supra grammaticam*: César também é senhor da gramática.[36]

Há que se lembrar disso no momento histórico que é o nosso, em que nada referente à arte é autoevidente mais. A falta de evidência da arte talvez esteja ligada a outra falta de evidência, essa concernente à possibilidade de transformações estruturais da vida social. A partir do momento em que a arte associou seu destino à emergência da pressão por rupturas sociais, ela parece ter selado seu destino em um horizonte de aparente retração revolucionária, como o que conhecemos atualmente. Um momento no qual até mesmo as forças que deveriam ser as mais dispostas à ruptura acomodam-se ao horizonte de ajustes da sociedade capitalista, mesmo quando esses ajustes se vendem como formas de "estéticas da intervenção". Vale ainda hoje o que disse um dia Walter Benjamin a respeito de obras de arte que, a despeito de seu conteúdo de ruptura, preservavam as técnicas e modalidades de circulação próprias ao campo estabelecido da comunicação socialmente legitimada: "o aparelho burguês de produção e publicação pode assimilar uma surpreendente quantidade de temas revolucionários, e até mesmo propagá-los, sem colocar seriamente em risco sua própria existência e a existência das classes que o controlam".[37]

A ideologia do encontro com o povo

Nesse sentido, nunca seria demasiado insistir em como o campo da comunicação não se desdobra em alguma "esfera pública" potencialmente

---

significativas sobre a natureza de crítica social que anima o romantismo, na qual o recurso a horizontes refratários à modernidade pode servir tanto como empuxo conservador quanto como desvio para a projeção de energias utópicas. Ver também LÖWY. *Romantismo e messianismo: ensaios sobre Lukács e Walter Benjamin*.

[36] SCHMITT. *Positionen und Begriffe*, p. 202.

[37] BENJAMIN. *Magia e técnica, arte e política*, p. 128.

portadora de vínculos privilegiados ao mundo da vida, mas se encontra completamente colonizado pela estrutura monopolista da indústria cultural, por suas figuras, seu tempo, sua visibilidade, sua forma de narrar, sua espetacularização. Trata-se de não esquecer que *a organização das formas de circulação define necessariamente o escopo das potencialidades do sentido*. O que acaba por levar a experiência estética, ao contrário, à necessidade de exploração sistemática das estratégias de não comunicação.

Esse horizonte da comunicação aparece, para muitos, como um fármaco possível para o pretenso divórcio entre experiência estética autônoma e o que se costuma chamar de "linguagem do povo". Pois, segundo esse esquema, se a arte gostaria de realizar expectativas de transformação social, ela não deveria mais procurar construir um povo por vir, mas "encontrar o povo" e ser capaz de falar em sua linguagem.

Seria, no entanto, interessante perguntar-se sobre o sistema de pressupostos que tal tarefa enuncia. Pois é evidente como ela opera com a estranha evidência de que algo como o "povo" fale *uma* linguagem, fale uma linguagem una ou que, ao menos, desdobre-se em um campo de tradutibilidade genérica. Linguagem essa na qual o sentido se articularia à origem, no interior da qual uma voz unitária se constituiria articulando em uníssono a multiplicidade do que se dispersa no campo social de experiência. Daí essa naturalidade com que se aceita a existência de uma linguagem unificada própria do povo em toda sua extensão, linguagem cuja circulação seria portadora da força de dar visibilidade a experiências denegadas de sofrimento social e de fazer desse sofrimento motor de crítica e transformação.

Poderíamos nos perguntar qual o interesse em afirmar a existência de uma linguagem do povo, a não ser para aqueles que se colocam como seus porta-vozes, com a legitimidade e a pretensa autoridade que tal autoenunciação implicaria. E no contexto sócio-histórico que é o nosso, não é tarefa difícil perceber que normalmente tal tarefa é assumida pela indústria cultural e seu sistema de produtos. Ou seja, há que admirar que o mais profundamente "popular" seja atualmente tão facilmente traduzível na lógica cultural do Capital, de suas aspirações monopolistas e sobretudo de seus dispositivos de personalização proprietária. O "popular" tornou-se, por alguma dessas coincidências fantásticas próprias a nosso tempo, o mais profundamente monetizado e que mais facilmente se traduz em um modelo espetacular de apresentação. Uma tradução sem resistência e sem decomposição. O que nos coloca questões sobre como efetivamente se *produz* o popular em uma era histórica como a nossa, sobre quais são os interesses por trás da enunciação da unidade da linguagem popular ou de sua pretensa tradutibilidade genérica de base.

No entanto, alguns preferem nos fazer acreditar que conceitos como "indústria cultural" seriam simplesmente obsoletos, devido a sua incapacidade de dar conta da dimensão ativa dos processos de recepção, com sua dispersão irredutível e criadora,[38] incapacidade de lidar com a irresistível democratização da produção e do acesso ou do enraizamento orgânico entre arte e vida.[39] Isso quando ele não foi lido a partir de sua pretensa dependência de um horizonte fordista de produção, incapaz de levar em conta como nossa realidade pós-fordista abriria espaços potenciais para a recuperação do trabalho vivo que se aproxima do que faz um *virtuoso*. Pois a indústria cultural abriria sempre espaço para o informal, o não programado, a improvisação criativa.[40]

No entanto, um encaminhamento adequado do problema deveria passar por certas estratégias mais claramente materialistas. A primeira delas nos lembra como uma análise da economia política da mídia demonstra que a natureza oligopolista descrita a partir no final dos anos 1940 apenas se aprofundou através da criação de grandes conglomerados multimídias transnacionais nos quais convergem o controle dos meios de comunicação, dos processos de produção de produtos midiático--culturais e das pesquisas tecnológicas em novas mídias.[41] Ou seja, essa pretensa democratização, que parece ser também transformação

---

[38] Como os clássicos estudos de mídia baseados nas teorias dos usos e das gratificações. Por exemplo: BLUMLER; KATZ. *The Uses of Mass Communications.*

[39] Ver, por exemplo, SHUSTERMAN. *Pragmatist Aesthetics: Living Beauty, Rethinking Art.*

[40] Como nos quer fazer crer VIRNO. *A Grammar of the Multitude: For an Analysis of Contemporary Forms of Life.*

[41] O tempo apenas mostrou a adequação de afirmações como: "Tudo está tão estreitamente justaposto que a concentração do espírito atinge um volume tal que lhe permite passar por cima da linha de demarcação entre as diferentes firmas e setores técnicos. A unidade implacável da indústria cultural atesta a unidade em formação da política" (ADORNO; HORKHEIMER. *Dialética do esclarecimento*, p. 116). Para uma análise consistente da economia política da mídia, ver MOSCO. *The Political Economy of Communication.*

de receptores passivos em produtores de conteúdo, acomoda-se singularmente a uma concentração cada vez maior da posse dos meios. Múltiplos produtores de conteúdo acomodam-se à natureza oligopolista e concentracionista dos meios. Deveríamos iniciar nossas análises desse ponto. O dito capitalismo imaterial nem por isso deixou de ser capitalismo monopolista.

É necessário dizer isso porque tal natureza oligopolista implica necessariamente certa padronização e estereotipia da produção. Os meios organizam os modos de recepção, ainda mais quando falamos de meios imediatamente monetizados e submetidos a imperativos industriais de alta rentabilidade. Pensando nessa estereotipia da recepção, Adorno e Horkheimer chegarão mesmo a afirmar que a atitude do público já seria parte do sistema, frase essa que deve ser compreendida em seu efetivo contexto. Pois, para além da figura equivocada de consumidores catatônicos, o que está de fato em jogo aqui é a compreensão da maneira como sujeitos devem "agir como" no interior da vida social, encenando seus próprios comportamentos em uma generalização de "sintomas de uma consciência duplicada" [*Symptome eines gedoppelten Bewußtseins*].[42] Assim, consolida-se outra forma muito peculiar de *estetização da existência*, mas sem o potencial de emancipação que um dia se depositou nesse processo. Forma na qual o social, assim como as esferas do que anteriormente fora descrito como vida privada, é imediatamente codificado no interior do sistema de narrativas, lugares, imagens e estratégias de rentabilidade próprios ao processo de industrialização da cultura. Assim, sistemas de comportamentos são encenados de forma estratégica.

Nesse contexto, o Eu se torna o nome de um modo de inserção em vivências integradoras aos sistemas de produção capitalista. E deveríamos insistir que tais integrações se dão atualmente por "vivências", já que a decomposição das distinções entre esferas pública e privada trouxe um problema novo, a saber, a tendência de transformação da antiga esfera privada em espaço imediatamente organizado a partir da possibilidade estratégica de rentabilização e codificação, isso devido a sua adequação

---

[42] Desenvolvi de forma sistemática essas questões em: SAFATLE. *Cinismo e falência da crítica.*

perfeita aos processos de reprodução material da esfera pública. Dessa forma, a queda da distinção entre arte e vida, expectativa utópica vanguardista por excelência, acabou à sua maneira por ocorrer, mas sem a realização emancipatória que um dia prometeu. Pois ela ocorreu como integração da fronteira da esfera privada à dinâmica de valorização do Capital. A tecnofilia de certos setores da crítica social peca pelo abandono de uma teoria da extração da mais-valia relativa através da rentabilização daquilo que, até então, era desprovido de capacidade de produção de valor, a saber, a vida privada e seu universo de relações imediatas.

Tendo isso em vista, seria necessário insistir que a antecipação da sociedade reconciliada é um atentado contra a reconciliação, isso contra quem acredita que a circulação da diferença possa conviver, sem ao menos a consciência dramática de suas contradições, lá onde impera a generalização desafetada da gestão da cultura, da "economia criativa" e de suas "pessoas" que se organizam como "posicionamento de marca". O máximo que se pode produzir, nesse caso, é a posição de uma "cumplicidade desafiadora"[43] com os regimes mais fetichizados da cultura: operação típica da generalização da racionalidade cínica à produção cultural e aos usos extensivos da paródia e da alegoria.[44]

Mas, diante dos que veem tal alegorização como potencial emancipador, há que lembrar que o uso da alegoria no universo da indústria cultural retira-lhe o caráter de contração temporal que Walter Benjamin lhe reconhecia.[45] Pois ela não está, nesse caso, sendo pensada no interior de uma teoria da revolução como repetição e redenção histórica. Ela

---

[43] Ver, a esse respeito, FOSTER. *The Return of the Real: Art and Theory at the End of the Century.*

[44] Para uma defesa da alegoria, ver OWENS. The Allegorical Impulse: Towards a Theory of Postmodernism. In: *Beyond Recognition: Representation, Power and Culture*, p. 52-87.

[45] Lembremos da afirmação de Benjamin: "Enquanto no símbolo, a transfiguração da decadência, o rosto transfigurado da natureza se revela fugazmente na luz da redenção, na alegoria o observador tem diante de si a *faccies hippocratica* da história como paisagem primordial petrificada. A história, com tudo aquilo que tem em si de extemporâneo, de sofrimento e de malogro, ganha expressão na imagem de um rosto" (BENJAMIN. *Origem do drama trágico alemão*, p. 176). Essa contração temporal da alegoria prepara a temporalidade revolucionária que encontramos nas teses "Sobre o conceito de história".

não tende a saturar os "agoras" com o que não se realizou no passado. Não há promessa alguma na alegoria em seu uso midiático, apenas a celebração de uma conciliação operada nos limites gramaticais estreitos da indústria cultural.

Colocações dessa natureza podem nos levar à compreensão de que experiências estéticas fiéis a seu conteúdo de verdade não encontram o povo. Elas o desconstituem. Essa é uma maneira de interpretar afirmações politicamente relevantes para essa discussão, como:

> O artista deixou de ser o Um-Só extraído de si mesmo, mas ele também deixou de se endereçar ao povo, de invocar o povo como força constituída. Nunca ele teve tanta necessidade de um povo, mas ele constata no ponto mais alto que o povo falta – o povo é o que mais falta. Não são os artistas populares ou populistas, mas Mallarmé que pode dizer que o Livro necessita do povo, e Kafka, que a literatura é uma questão do povo, e Klee, que o povo é o essencial, mas que no entanto falta.[46]

As colocações de Deleuze e Guattari são precisas. A sua maneira, elas exprimem a consciência de entrarmos em uma era histórica na qual as obras de arte chegam a nós como a constatação de que o povo falta, e essa é a única possibilidade de que elas efetivamente nos "levem a uma terra aberta". Não são os artistas "populares ou populistas" que nos mostram essa operação na qual alcançar uma terra aberta começa por enunciar que um povo falta. Quem faz isso são, ao contrário, aqueles que não temem chegar muito próximo do nada, como Mallarmé. O mesmo Mallarmé que dizia: "escavando o verso a esse ponto, encontrei dois abismos que me desesperam. Um é o Nada".[47]

Isso não significa em absoluto que a reflexão sobre a experiência estética deva ignorar as dinâmicas do que vem de uma multiplicidade de espaços e tradições no interior da vida social. Na verdade, a crítica do "popular" é uma das condições necessárias para liberar tais dinâmicas múltiplas de sua colonização unitária, seja ela mercantil, seja

---

[46] DELEUZE; GUATTARI. *Mille plateaux: capitalisme et schizophrénie*, p. 427.

[47] MALLARMÉ. *Correspondance complète (1862-1871): lettres sur la poésie (1872-1898)*, p. 297-298. Sobre essa questão, ver AGOSTINHO. *A linguagem se refletindo: introdução à poética de Mallarmé*.

nacional-identitária, permitindo a melhor compreensão das expressões que se levantaram contra processos de colonização no interior de um imaginário popular-nacional, ou mesmo, em nosso caso brasileiro, do imaginário "antropofágico" hegemônico de um "país não oficial", que é, diga-se de passagem, apenas o reverso complementar do país oficial. Reverso que a todo momento é recuperado pelo país oficial via, exatamente, seu aparato de indústria cultural.[48]

Seria ainda o caso de lembrar que a própria temática da crítica da indústria cultural exige certa topologia, pois nem todos os lugares em seu interior são iguais. Deveríamos, por exemplo, levar em conta a possibilidade de processos através dos quais partimos de formas aparentemente estereotipadas para explodi-las do seu interior e desenvolvê-las de maneira a levá-las a sair por completo do horizonte da indústria cultural. O caso do jazz entre Charlie Parker e o free jazz é um exemplo paradigmático nesse sentido, em que a improvisação descola-se por completo do horizonte de variação tipificada até então vigente para se tornar uma "composição do tempo decomposto".[49] O caso do tango e de Astor Piazzolla, com seu enriquecimento progressivo da forma através do uso de contrapontos, recursos a cânons, composições de fugas, é outro.

Além disso, mesmo dentro da indústria cultural, nem todos os lugares são idênticos, nem tudo está igualmente perto do centro. Há lugares nos quais dinâmicas temporárias de margem, algo como a versão cultural das "zonas autônomas temporárias", permitem complexificações formais, circulações setorizadas de produções e desconstruções de padrões de previsibilidade, como foi o caso da música eletrônica no início dos anos 1990. Esses lugares, é verdade, existem por um tempo curto, mas existem. Eles são frágeis em sua capacidade de contraposição à dinâmica neutralizadora da indústria cultural hegemônica, já que mobilizam e procuram desviar elementos e materiais da própria indústria cultural e

---

[48] De fato, a discussão sobre os problemas imanentes à defesa da relação entre experiência estética e expressões populares através da mediação da indústria cultural, tal como desenvolvida em solo nacional, remete-nos às críticas à construção estética do Brasil via Tropicália, como podemos ver em SCHWARZ. Nacional por subtração. In: *Que horas são?*; e SCHWARZ. *Martinha* versus *Lucrécia*. Essa discussão será retomada, de forma sistemática, no segundo bloco desta série de livros.

[49] Ver, a esse respeito, LYRA. *Improvisation, jazz et dialectique negative*.

muitas vezes "hackear" materiais estranhos à indústria cultural. As margens passam muito rapidamente ao centro, mas elas existem, nem que seja por um tempo. Ou seja, é possível e necessário reatualizar a crítica da indústria cultural, sem negligenciar sua complexidade imanente.

*

Por fim, se até agora foi questão de fazer a defesa de certa configuração da experiência estética e sua agonística própria, é verdade que a discussão começou sem um esclarecimento preliminar a respeito do conceito central desse debate, a saber, autonomia estética. Faz-se necessário especificar o que efetivamente se deve entender por "autonomia estética" nesse contexto. Mas se faz necessário especificar a partir da reflexão sobre o tipo de experiência que deriva das obras que participam desse horizonte. Pois este livro não se propõe a ser apenas uma discussão de conceitos, embora não se furte a tanto. Na verdade, esse projeto exige um modelo híbrido de discurso.

A maioria dos livros contemporâneos sobre estética prefere desdobrar-se em dois grupos. Em um, temos livros referentes à história das teorias sobre arte ou sobre os conceitos de arte. Isso dá muitas vezes a impressão de que obras de arte não pensam e não produzem conceitos, já que os conceitos sobre as obras necessitam todos ser importados ou do campo filosófico ou do campo sociológico, isso quando não vêm do campo psicanalítico ou congêneres. Tais livros acreditam ser possível e desejável repetir o gesto kantiano na Terceira Crítica, a saber, falar sobre arte sem adentrar a análise de obras de arte. Já no outro grupo temos análises estruturais sobre obras, mas dispostas em um campo de tamanha autossuficiência que há que perguntar se tais obras estavam inseridas em processos históricos, se alguma outra coisa acontecia no mundo, para além da composição de tais obras, quando estas vieram à luz. O autor deste livro gostaria de evitar os dois caminhos. Só o leitor saberá se ele foi efetivamente bem-sucedido.

Nesse sentido, trata-se inicialmente de fazer um esclarecimento preliminar sobre em qual sentido deve-se preservar a noção de autonomia estética. O que exige uma diferenciação, nem sempre evidente, entre autonomia estética e autonomia moral. Feito isso, será questão de refletirmos sobre a gênese concreta da autonomia no campo estético, que, contrariamente ao que um "imperialismo literário" gostaria de nos levar a crer, começa na música no século XVIII. Por fim, abordaremos obras paradigmáticas desse debate a partir da reconstituição do campo semântico que acompanha os usos da autonomia estética, principalmente a partir das noções de "expressão estética" e "sublime". A razão para tais escolhas ficará clara no desdobrar deste livro.

Capítulo 2
Para além da autolegislação

César é também senhor da gramática.
Carl Schmitt

> Toda a história da pintura a partir de Manet tem sido compreendida –
> ilusoriamente, creio – como uma progressiva (ainda que inadequada)
> revelação de sua objetidade essencial, e isso faz mais urgente a necessidade
> da pintura modernista explicitar sua essência convencional – especifica-
> damente pictórica – derrotando ou suspendendo a objetidade através do
> meio da forma [*shape*].[50]

Essa afirmação de Michael Fried, em um texto canônico contra o minimalismo, sintetiza bem certa concepção hegemônica do que deveríamos entender por autonomia estética. Ao insistir na crítica da literalidade e de sua incapacidade de tomar distância dos processos de produção da aparência estética, Fried estabelece uma relação constituinte entre o desvelamento de características próprias aos meios e a determinação da especificidade do que ainda guarda a força crítica própria à obra de arte. Se ele dirá que "o sucesso, e mesmo a sobrevivência, das artes tem dependido fortemente da sua capacidade em derrotar o teatro",[51] é porque "teatro" nomearia aqui a tentativa de criar uma forma de presença que seria, na verdade, efeito de uma incapacidade de desvelar os modos de produção da forma. Teatro é aqui um regime de literalidade e nada

---

[50] FRIED. Art and Objecthood. In: BATTCOCK (Ed.). *Minimal Art: A Critical Anthology*, p. 161.

[51] FRIED. Art and Objecthood. In: BATTCOCK (Ed.). *Minimal Art: A Critical Anthology*, p. 163.

tem a ver, por exemplo, com o distanciamento próprio a experiências como as de Bertolt Brecht.

Assim, a característica fundamental da forma estética autônoma seria a exposição reflexiva de seus próprios meios. Através dessa exposição, tais obras de arte seriam capazes de impor uma desnaturalização dos modos de presença do mundo. Se o texto mais famoso de Fried termina com a frase: "presentidade [*Presentness*] é graça", é porque se tratava de lembrar como a arte quebra a naturalização das formas da presença dos objetos no mundo operando a construção de um campo autorreferencial.[52] Condição para que outra forma de presente possa se constituir que obriga até mesmo a língua a se retorcer para criar uma palavra ainda não infectada pelos regimes naturalizados de existência.

Seria importante, no entanto, insistir que essa estratégia hegemônica sintetizava as consequências da apropriação estética de certa noção de autonomia compreendida sobretudo como autolegislação. Arthur Danto sublinhou bem uma dimensão fundamental desse problema ao comentar a afirmação de Clement Greenberg a respeito da "pureza" que teria influenciado a concepção hegemônica do que significa autonomia estética e sua relação com a abstração:

> cada arte, seria "transmitida pura", um conceito que Greenberg talvez tenha realmente tomado de empréstimo da noção de razão pura de Kant. Kant denominou *modo puro de conhecimento* aquele em que "não há mistura de qualquer coisa de empírico", isto é, quando se trata de um conhecimento puro *a priori*. E a *razão pura* é a fonte dos "princípios pelos quais sabemos alguma coisa absolutamente *a priori*". Toda pintura

---

[52] Em *Cinismo e falência da crítica*, procurei refletir sobre as dificuldades históricas da consolidação da forma-crítica no campo da produção estética contemporânea. Na ocasião, havia defendido o esgotamento da forma-crítica como desvelamento dos processos de produção da aparência estética e havia fornecido, como a cena de tal esgotamento, o recurso ao novo tonalismo de John Adams e Thomas Adès. Não se tratava, no caso, de pregar alguma forma de abandono das aspirações críticas da forma estética, mas de explicitar suas contradições imanentes em um momento histórico no qual proliferam obras que desativam a distância crítica, encenando, de forma cínica e paródica, a própria distância crítica diante da fascinação fetichista. Desse diagnóstico histórico veio o programa de recompor a gênese da autonomia estética procurando outra matriz que não fosse essa na qual as temáticas da autorreferencialidade se transmutam em dispositivos de crítica como desvelamento. De onde se segue o projeto que se inicia com este livro.

modernista, na visão de Greenberg, seria então uma crítica da pintura pura, a pintura a partir da qual se poderia deduzir os princípios peculiares à pintura como pintura.[53]

Ou seja, o caminho histórico do desenvolvimento da linguagem artística estaria marcado pela purificação que se realizaria em um giro autorreferencial da arte, na qual ela toma a si mesma por objeto, um pouco como o sujeito moral que se afasta de suas inclinações e seus desejos empíricos para afirmar a determinação transcendental de sua vontade livre. Pois, ao tomar a si mesma como objeto, a arte pode versar sobre suas "condições de possibilidade" em um questionamento de inspiração transcendental.

Dessa forma a história da arte acabou por se submeter a uma filosofia teleológica da história pressuposta nessa descrição de um movimento progressivo de revelação crítica do que seria a objetidade essencial das obras. Esse seria um movimento de ampliação da força de autorreflexão da arte, que faria dela um veículo cada vez mais apto a fortalecer a autonomia enquanto experiência social. Se esse processo se quebra na segunda metade do século XX, seria por ele se contrapor a forças sociais sem compromisso com certa pretensa força crítica dos partidários do esclarecimento.

É claro como essa filosofia da história no cerne dos debates sobre a autonomia estética é uma peça-chave em certa concepção hegemônica de racionalização social. Ela partilha a compreensão de autonomia como imposição de padrões próprios de validação e regulação, como se a esfera estética fosse animada por exigência internas de validação de seus fenômenos que não levam em conta os modos de organização e expectativa de outras esferas sociais de valores. No que reencontramos aqui a temática maior da sociologia weberiana da modernidade como "autonomização das esferas sociais de valores" depois do colapso do poder unificador dos mitos teológico-religiosos.[54]

---

[53] DANTO. *Após o fim da arte: a arte contemporânea e os limites da história*, p. 75.

[54] WEBER. *Os fundamentos racionais e sociológicos da música*. A respeito da perspectiva de Weber sobre a música, ver ADORNO. *Introdução à sociologia da música*; BRAUN. *Max Webers "Musiksoziologie"*; BRAUN. Grenzen der Ratio, Grenzen der Soziologie: Anmerkungen zum "Musiksoziologen" Max Weber, p. 1-25; e PEDLER. Les sociologies

Apenas para apresentar um dentre vários exemplos possíveis desse modelo, podemos lembrar a maneira como musicólogos como François Nicolas ainda fazem a defesa da autonomia musical. Ao começar perguntando-se: "como a música pode, deve, renovar essa capacidade de ser para si mesma sua própria lei?", ele se propõe a

> examinar como a palavra "música" nomeia ao mesmo tempo um mundo (o mundo da música) e uma parte desse mundo (a música como arte desse mundo), o que sugerirá o desdobramento da autonomia musical em uma autodeterminação da música-mundo e uma emancipação da música-arte.[55]

Há que notar a incidência da ideia de que a possibilidade de a música transcender as determinações desse mundo encontra-se ligada à sua capacidade de "dar para si mesma sua própria lei", produzindo uma forma de autodeterminação que, mais uma vez, mais se assemelha às estratégias de autolegislação do sujeito moral. O tópico da música--mundo parece tributário da pretensa força de transcendência de um mundo próprio produzido pela arte.

Autonomia estética, autonomia moral

Temos todo o direito de colocar questões a respeito dessa forma de conceber a força emancipadora da autonomia, a respeito de suas consequências e de seus pressupostos. Pois esse processo é, no fundo, uma visão moral do mundo. Tudo se passa como se a autonomia estética fosse a realização da autonomia moral por outros meios. A submissão da autonomia estética à matriz moral da autonomia está principalmente enraizada na absorção dos princípios reguladores de certa noção de emancipação ligada às temáticas do autogoverno, da autolegislação, da jurisdição sobre si mesmo. Ou seja, da liberdade como capacidade de "dar para si mesmo sua própria lei". Não uma submissão da estética a programas morais,

---

de la musique de Max Weber et Georg Simmel: une théorie relationnelle des pratiques musiciennes, p. 305-330.

[55] NICOLAS. Comment développer (et non déconstruire) l'autonomie si contestée de la musique? In: KALTENECKER; NICOLAS (Eds.). *Penser l'œuvre musicale au XXème siècle*, p. 61.

como conhecemos desde Platão. Mas uma submissão à forma-lógica da emancipação moral, essa sim a forma mais insidiosa de sujeição moral.

É exatamente contra isso que alguém como Nietzsche dirá: "A luta contra a finalidade é sempre luta contra a tendência moralizante na arte, contra a sua subordinação à moral. *L'art pour l'art* significa: 'Ao diabo com a moral!'".[56] A arte será sempre submetida à moral enquanto acreditar na força construtiva da conformação integral a uma lei formal. Por isso, uma obra de arte nunca é a realização integral de seu plano construtivo. É Nietzsche, mais uma vez, quem afirmava que nunca nos desvencilharemos de Deus enquanto acreditarmos na gramática. No nosso caso, isso significa: a arte sempre será submetida à moral enquanto compreender seus princípios de produção a partir da sujeição a uma lei formal capaz de produzir *unidade, coesão e coerência*: atributos centrais que garantem a similitude e a subordinação entre o divino e o humano. Ou seja, a crítica da finalidade da qual fala Nietzsche pode estar no próprio nível formal, e não em uma finalidade necessariamente exterior. A mais astuta de todas as finalidades é aquela que se insinua na própria logicidade da forma.

Essa compreensão de que a forma estética deve ser o espaço de uma relação antagonista ao plano construtivo que as próprias obras determinam, que ela deve ser uma forma de fracassar a sujeição da obra à sua própria lei formal, demonstra como ela não é animada pela tentativa de realizar uma autonomia de inspiração moral, fundada na declinação das figuras da autolegislação. É tendo em vista problemáticas dessa natureza que devemos levar em conta afirmações como esta de Adorno:

> [A forma estética] é a síntese não violenta do disperso, que é conservado tal qual em sua divergência e em sua contradição e é por isso que ela é efetivamente um desdobramento da verdade. A unidade posta é, enquanto posta, suspensa por si mesma. É essencial que ela seja interrompida por seu outro, que sua coerência seja incoerente.[57]

---

[56] NIETZSCHE. *Crepúsculo dos deuses*, p. 77.

[57] ADORNO. *Teoria estética*, p. 216. Ou ainda: "Que a lógica das obras de arte derive da lógica das consequências [*Konsequenzlogik*], sem no entanto ser idêntica a ela – e nisso ela se aproxima do pensamento dialético – eis algo visível no fato de as obras suspenderem sua

Demoremo-nos um pouco mais nesse ponto. Sabemos como, nas últimas décadas, as discussões sobre a natureza e estrutura da autonomia voltaram à tona como consequência da reflexão sobre a necessidade de redimensionamento do horizonte normativo de nossas expectativas de emancipação e de reconhecimento.[58] Tais discussões insistem, cada uma a sua maneira, nos paradoxos e desafios decorrentes da articulação entre *nomos* e *autos*, entre *lei* e *eu* pressuposta pela compreensão da autonomia como a capacidade de dar para si mesmo sua própria lei, de ser o legislador de si mesmo. Pois, no interior das discussões sobre autonomia, a relação entre *nomos* e *autos*, ou, ainda, entre *nomos* e *ipse*, deveria ser pensada como uma profunda relação de autopertencimento. Relação essa que permite a sujeitos reconhecerem e se reconhecerem em um campo de normas cuja determinação imanente seria a expressão imediata de sua própria liberdade. Daí por que alguém como Kant falará, na aurora das discussões modernas sobre autonomia, de "causalidade pela liberdade" [*Kausalität durch Freiheit*], de relação não de submissão, mas de "amor" à lei.

Ou seja, a relação entre lei e ipseidade no interior da autonomia não poderia em hipótese alguma ser pensada como uma relação exterior, como se se tratasse da internalização de uma causalidade externa. Antes, estaríamos diante de uma relação de *expressão* pensada, nesse caso, como identidade imanente. Relação na qual a realização da liberdade não entra em conflito com o caráter vinculante do que se realiza sob a forma de normas que visam dar atualidade à humanidade enquanto princípio de universalização. É devido à centralidade de tal operação de expressão que podemos afirmar que liberdade como autonomia não consistiria apenas em se afirmar para além da causalidade da natureza e das disposições mecanicistas que aparentemente submeteriam tudo o que é objeto, tudo o que é coisa. Liberdade como autonomia seria estar em possessão de mim mesmo, em possessão de meus atos e de minhas razões para agir. Possessão essa que se realiza em uma relação

---

logicidade para ao final fazerem dessa suspensão sua Ideia; o que deixa claro o momento de interrupção [*Moment des Zerrüstteten*] em toda arte moderna" (p. 208).

[58] A esse respeito, citemos principalmente: MENKE. *Autonomie und Befreiung: Studien zu Hegel*; PINKARD. *German Philosophy (1760-1860): The Legacy of Idealism*; KHURANA. *Das Leben der Freiheit: Form und Wirklichkeit der Autonomie*; HONNETH. *Das Recht der Freiheit*; ou, vindo de outra tradição, DERRIDA. *Voyous: deux essais sur la raison*.

imanente de autopertencimento, do estar sob a jurisdição de si mesmo, como se entre Deus e o Eu houvesse esse elemento em comum, a saber, a possibilidade de expressar de forma imanente a relação entre ato e vontade, de ser *causa sui*.

Mas notemos como tal noção de liberdade como autopertencimento será preservada até mesmo após deslocamentos produzidos no interior do horizonte de compreensão da estrutura da autonomia. Ou seja, ela ainda será preservada mesmo quando virmos a insistência em pensar a realização da autonomia através da implicação não exatamente com leis, mas com *práticas* sociais, em uma chave que nos remeteria inicialmente a Hegel.[59] Tais práticas, expressas em potencialidades racionais próprias a formas de vida que seriam também nossas, vinculariam a realização da autonomia à apropriação reflexiva do processo histórico que as produziu (ou, ainda, que de alguma forma está em vias de as constituir). Apropriação reflexiva que, dessa forma, seria *auto*rreflexão de uma concepção não mentalista de sujeito que se confunde com a experiência histórica de afirmação de práticas sociais nas quais os participantes não se veem mais como objetos de coação ou de sujeição.

No entanto, no mesmo momento histórico em que tal noção de autonomia se desenvolvia a partir de sua dimensão moral, um conceito relativamente distinto de autonomia se mostrava possível. Ele estava assentado em certa estratégia vinculada à definição de experiência estética que encontra suas raízes nas dinâmicas concretas de produção de certas obras de arte. Pois tais obras produzem um campo de fenômenos que impulsionará a reflexão conceitual ou que, em alguns casos, abrirá novos campos ao desdobramento de conceitos então aparentemente já estabelecidos.

Nesse sentido, comecemos por lembrar como o início do século XIX conhecerá um debate que compreendia a estética

> não como o estudo da representação e cognição sensível, mas como um jogo de expressão – impulsionado por uma força que se autorrealiza,

---

[59] Ver HEGEL. *Grundlinien der Philosophie des Rechts*. A esse respeito, ver ainda PIPPIN. *Hegel Practical Philosophy: Rational Agency and Ethical Life*; e HONNETH. *Die zerrissene Welt des Sozialen: Sozialphilosophische Aufsätze*.

em vez de ser exercida como uma faculdade na práxis. Essa força não reconhece ou representa nada porque ela é "obscura" e inconsciente; ela não é uma força do sujeito, mas do humano, como distinto do sujeito.[60]

A noção de força [*Kraft*] tem um papel predominante aqui, pois se trata de reconhecer a dimensão de um princípio interno da atividade sensível que ainda não é uma faculdade subjetiva. Esse princípio produz uma dinâmica capaz de compor relações que, para certo conceito de entendimento e representação, parecem "obscuras" ou, se quisermos, "heterônomas".[61] Dessa forma, paradoxalmente, haverá uma irredutível dimensão de heteronomia nessa experiência estética, que encontrará sua figura inicialmente no romantismo. Por isso, a forma estética a partir de então será o espaço privilegiado de emergência do fragmentário, do involuntário, do contingente, da desmesura própria ao que violenta o esquematismo da imaginação (como vemos, nesse caso, nas temáticas relativas ao sublime). A forma será o espaço da emergência desse fundo de forças anteriores às determinações regulares que prometem unidade, coerência e coesão à obra de arte, fundo da sensibilidade que Herder, por exemplo, não temerá em descrever como: "um gigantesco oceano, que mesmo em períodos de tranquilidade surge pleno de vagas a tocar o céu".[62]

Essa estética da força terá não apenas uma longa história subterrânea entre nós, mas também fornecerá um horizonte distinto para pensarmos o que vem a ser autonomia. Pois se tratará de pensar a autonomia como a capacidade de certas obras de arte se construírem a partir de sistemas heterônomos de força que levam os sujeitos a abandonarem

---

[60] MENKE. *Kraft: ein Grundbegriff ästhetischer Anthropologie*, p. 8. Mas, levando em conta a perspectiva de Menke, poderíamos nos perguntar se, para além de um conceito de "antropologia estética", não estaríamos diante de um conceito propriamente histórico--político, se não seria necessário explicitar as dinâmicas políticas que tal forma de compreender a experiência estética historicamente pressupõe. Isso é o que eu gostaria de explorar neste livro.

[61] O modelo de tais processos fora fornecido pela articulação entre estética e força em HERDER. Übers Erkennen und Empfinden in der menschlichen Seele. In: *Theoretische Schriften*. Jacques Rancière tematiza tal emergência do regime estética das artes como regime de uma causalidade confusa em RANCIÈRE. *L'inconscient esthétique*.

[62] HERDER. Monumento a Baumgarten, p. 61.

suas ilusões de autolegislação. Em vez de autodeterminados, eles serão heteroafetados. Pois esse conceito de autonomia que emerge em setores fundamentais da experiência estética, a partir do século XIX, não estava fundado na expressão de relações de autopertencimento. Na verdade, ele estava assentado em operações de abertura a processos de descentramento que não são redutíveis a predicações de pertencimento. Podemos encontrar expressões acabadas de tais figuras em obras maiores da produção estética do século XIX, como veremos em capítulos posteriores deste livro.

Setores importantes do debate estético contemporâneo aprofundaram tal concepção de autonomia, consolidando com isso um horizonte de recusa em relação a essa filosofia do progresso histórico e de sua pretensa modernidade inacabada. Um dos principais autores que apresentará tal modelo alternativo de autonomia será Theodor Adorno. Que nos demoremos um pouco diante dele.

Adorno e o problema da forma autônoma

"A arte se torna social através da sua posição oposta [*Gegenposition*] à sociedade, e ela ocupa essa posição apenas enquanto arte autônoma."[63] Essa afirmação de Adorno sintetiza bem seu modelo de compreensão da autonomia estética e sua tensão imanente. Tal modelo parte do princípio de que a oposição entre arte e sociedade só pode ter real força de transformação social se estiver expressa no nível das decisões formais próprias aos princípios construtivos das obras e seu sistema imanente de relações. A obra de arte deve ser capaz de expressar uma estrutura de relações e decisões que a vida social tacitamente combate, que ela procura determinar como impossível de ser realizada. Daí por que: "A liberação da forma, como quer toda arte autenticamente genuína, é acima de tudo a marca da liberação da sociedade, pois a forma, a coesão estética [*ästhetische Zusammenhang*] de todos os singulares [*Einzelnen*] representa na obra de arte as relações sociais; por isso, o estabelecido se escandaliza com a forma liberada [*befreite Form*]".[64] Colocações como essas parecem, na

---

[63] ADORNO. *Teoria estética*, p. 335.

[64] ADORNO. *Teoria estética*, p. 379.

verdade, referendar a ideia da autonomia estética como autolegislação, mas agora em uma chave de claro cunho político. A lei formal das obras permitiria a consolidação de uma oposição ativa à sociedade através de sínteses e coesões não violentas. Mas notemos como há algo totalmente outro na perspectiva de Adorno. Pois, se é fundamental à arte uma "lei formal" [*Formgesetz*] que é própria às obras, tal necessidade só se justifica se tal princípio construtivo for o contrário do que a sociedade entende por "lei", com suas restrições e seus regimes de causalidades. A lei formal das obras de arte é a necessidade retroativa de seu trajeto, não a realização de um princípio de organização previamente decidido e restritivo. Sua lei formal é, de certa forma, confusa, pois uma obra de arte que seria a realização completamente determinada de seu plano construtivo seria dificilmente distinguível de uma peça de decoração. Algo é uma obra de arte pela sua maneira de fracassar e de quebrar. Só obras de artes bem-sucedidas são capazes de realmente fracassar e fazer do seu fracasso a forma efetiva de sua realização.

Muito da singularidade da posição de Adorno é compreendida se levarmos em conta seu combate a uma forma de instrumentalização da arte que nega sua autonomia a fim de transformá-la em mero *fait social*, embora ela também tenha essa dimensão. Esse sociologismo, cujo verdadeiro objetivo atualmente é defender que não pode mais haver análises estéticas, apenas justificativas sociológicas, pode parecer engajado em transformações sociais efetivas. Ele se faz muitas vezes em nome de uma submissão da arte a projetos políticos e morais, como à sua maneira já fazia Platão, ao submeter a música aos desígnios morais da *pólis*. Mas, na verdade, ele repete, à sua forma, o veredito das sociedades capitalistas segundo o qual o que é desprovido de função não pode existir, o que não tem necessidade deve ser eliminado, o que é incompreensível deve ser visto como servindo apenas à perpetuação de formas de dominação. Em tudo isso fica evidente como o capitalismo foi capaz de definir até mesmo a gramática de nossa revolta. Falamos a língua daqueles que combatemos.[65]

---

[65] "A teoria marxista da ideologia, em si ambígua, é falsificada como teoria total da ideologia em moldes manheimianos e cegamente aplicada à arte. Se a ideologia é falsa consciência social, não é simplesmente lógico que toda consciência seja ideológica" (ADORNO. *Teoria estética*, p. 374).

Foi por uma razão estruturalmente semelhante que Adorno se viu levado a insistir que há uma dialética imanente à relação entre arte e sociedade que deve ser respeitada de forma estrita. Ela nos mostra que a arte realiza seu destino de práxis indutora de transformações sociais quando funciona como negação determinada da sociedade que procura a determinação integral, quando recusa muitas vezes até mesmo a posição de todo e qualquer conteúdo social manifesto. Daí por que: "Abstendo-se da práxis, a arte se transforma em esquema da práxis social: toda verdadeira obra de arte é em si revolucionária [*umwälzt*]".[66] Pois, em seu impulso de autonomia, a arte expressa uma negatividade dialética que é descrita por Adorno como "emergência do não existente como se ele existisse". É só através dessa negatividade, que age a partir de uma forma de práxis entendida pela situação atual como abstenção, que a arte não é completamente negativa. Na verdade, a imanência das obras de arte, a aparente distância *a priori* em relação ao empírico, não é sem apelar, no mesmo movimento, "à perspectiva de situações transformadas pela práxis autoconsciente".[67]

Notemos, no entanto, como esse mundo transformado emerge a partir de um "estremecimento" [*Erschütterung*]. Como seu primeiro fator de aproximação, as obras de arte nos estremecem, e é enquanto estremecimento que a objetividade do que era visto como inexistente a partir da situação atual irrompe no interior da consciência subjetiva. Esse é o afeto inicial da arte. Pois: "O choque produzido por obras significativas não é empregado para desencadear emoções próprias e recalcadas. Ele é o instante no qual os receptores se esquecem de si mesmos e desaparecem na obra: o instante do estremecimento [*Erschütterung*]".[68]

Essa temática do choque produzido pelas obras, choque que faz os receptores desaparecerem nas obras, é a figura adorniana de um sistema de forças que destitui as determinações categoriais dos sujeitos. É sua dependência a uma estética da força. Esse choque será capaz de destituir o domínio das emoções próprias, personificadas, mesmo que se trate de emoções recalcadas. As obras não têm assim a disposição

---

66 ADORNO. *Teoria estética*, p. 339.

67 ADORNO. *Teoria estética*, p. 367.

68 ADORNO. *Teoria estética*, p. 363.

intencional de significar a partir da expressão de emoções e afetos que nos perpetuam na dimensão do próprio. Elas são, na verdade, indutoras de choques capazes de produzir o esquecimento de si, ainda que momentâneo. Esquecimento que não é anestesia da submissão a uma objetividade reificada.

Sem deixar de ressoar uma temática propriamente nietzscheana, Adorno precisa lembrar que há esquecimentos de si que não são alienações, mas formas singulares de emancipação. Não se esquece de si sempre da mesma forma. Na verdade, o esquecimento que Adorno tem em vista é aquele que leva o Eu a perceber, por certo tempo, a possibilidade de abandonar uma forma de vida baseada no princípio de autopreservação, abandonar uma noção de determinação essencial baseada na noção de autopertencimento. Daí por que "essa experiência subjetiva dirigida contra o Eu é um elemento da verdade objetiva da arte". É pela via de choques dessa natureza que a arte permitirá a emergência de uma heteronomia que não se confunde com experiências de servidão.

Não é difícil perceber como Adorno opera aqui com as temáticas próprias ao prazer negativo produzido pela experiência do sublime. Mas esse prazer negativo funciona, ao menos nesse contexto, de outra forma. O que não poderia ser diferente, já que ele está vinculado aqui a uma deposição da vontade de dominação dos objetos, assim como à deposição de um pensamento organizado de forma projetiva. Daí a temática do "esquecer-se diante do objeto", do "desaparecer diante da obra". Nesse sentido, a força política da obra de arte seria indissociável de sua capacidade de fornecer um modelo de relação à heteronomia, muito mais do que um modelo de relação à alteridade. Pois a obra não é apenas a presença de uma alteridade no interior de nosso campo de experiência. Ela é a experiência de uma normatividade outra, com sua potência produtiva própria que, por isso, não preserva nosso campo de experiência, mas o reconstitui.

Há necessariamente que falar em "heteronomia" nesse caso, pois se trata de um *nomos* outro que se forma a partir das obras. As obras de arte formam um *nomos* outro, do qual o Eu nunca poderia se apropriar completamente. No que chegamos a uma conclusão aparentemente paradoxal, a saber, a obra de arte autônoma é a única capaz de produzir uma relação produtiva à heteronomia. Sua reflexividade imanente é uma paradoxal reflexividade sobre o irrefletido que não elimina completamente sua exterioridade. É por insistir nessa emergência de outra forma de experiência de heteronomia que a obra de arte se recusa à comunicação e a seus regimes de reiteração da condição de reprodução da situação atual.

Nesse sentido, é importante a afirmação de Adorno segundo a qual a indústria cultural não conhece estremecimento, muito menos nosso sistema hegemônico de circulação e de acesso às obras de arte. A indústria cultural pode produzir figuras do excesso, da violência, da intensidade quantitativa que se faz passar por desmesura, mas nenhuma delas produzirá esse estremecimento da posição do Eu e dos limites fornecidos pelos interesses da individualidade. As figuras do excesso produzidas pela indústria cultural são "desartificadas" [*Entkunstung*], pois estão submetidas à lógica contábil da intensificação das performances, à estilização espetacular, à expropriação empresarial do gozo no interior de uma dinâmica de reiteração dos princípios de contagem do próprio sistema com sua forma geral de equivalência. Como não poderia deixar de ser, há um estremecimento simulado que anima a produção da indústria cultural, pois o capitalismo nunca conseguiria se consolidar apenas através da repressão dos desejos, ele precisa também se alimentar das promessas de gozo. Mais do que um sistema de repressão dos desejos, ele precisa ser um sistema de expropriação do gozo, de conversão de seu excesso em condição para uma ordem social que gera e produz o próprio colapso administrado de seus limites.

Uma outra liberdade

Essas considerações de Adorno podem nos auxiliar na compreensão do tipo de emancipação social imanente a certa forma de experiência estética. Pois estamos tão fascinados por uma noção de emancipação ligada à autolegislação e ao autogoverno que perdemos a capacidade de estranhar o fato de que, até quando pensamos a experiência da liberdade, nós a pensamos sob a forma do exercício da lei, mesmo que seja uma lei que dou para mim mesmo. E quem fala em exercício da lei fala em regularidade suposta de condutas, em unidade e coerência de ações tendo em vista a reconstrução de uma cadeia de causas e efeitos que possa sustentar a responsabilização e a imputabilidade, fala em uma definição de subsunções que define a maneira como vou me reportar à diversidade sob o signo da unidade coerente sempre reafirmada e reinstaurada.

Essa regularidade, essa previsibilidade, coerência e unidade devem, acima de tudo, ser desejadas. Elas serão, por isso, vistas como a condição para a produção da experiência social de sentido e de valor. Elas serão não apenas socialmente desejadas, mas também esteticamente deseja-das, pois o desejo estético é um impulsionador maior do desejo pela instauração de realidades sociais. Assim, tal temática da autolegislação colonizará boa parte não apenas da reflexão estética sobre a autonomia, mas também da reflexão política sobre a autonomia, fazendo de ambos setores de certa concepção genérica de autonomia moral. Tomar para si sua própria força, estar em relação imanente entre ser e querer, re-cuperar sua "própria" voz (como se a voz fosse a dimensão necessária do "próprio"): quantas vezes esses esquemas foram mobilizados para descrever a liberdade a ser realizada pela autonomia política? Mas por que não seriam essas dinâmicas, ao contrário, signos de servidão, a servidão de compreender a liberdade como o domínio que exercemos sobre nós mesmos, como o domínio da propriedade suposta que temos sobre nós mesmos (independentemente de quem seja o "nós" sujeito do verbo "ter")? "Liberdade" que, na verdade, esconderia a servidão do medo de não mais pertencermos a nós mesmos, como se toda forma de eliminação da relação a si sob a forma do autopertencimento fosse expressão de sujeição.

Assim, a experiência estética nos permitirá recompor profunda-mente o que significa exercer o poder que se tem sobre si mesmo. Só dessa forma seria possível retirar as discussões sobre autonomia do medo atávico de ser causado pelo exterior. Tal medo fornece o circuito dos afetos produzido pela emergência da noção moderna e burguesa de indivíduo. Mais do que sua expressão, as obras de arte são campos de batalha de uma luta contra o indivíduo. Nesse sentido, como bem compreendeu Espinosa, se na base afetiva da liberdade há sempre as formas de deposição do medo, podemos dizer que a experiência esté-tica abre necessariamente o espaço para a deposição de um dos medos constituintes da definição moderna de individualidade, a saber, o medo de não ser causa de si, de não estar mais na jurisdição de si mesmo. Ou seja, a experiência estética nos permite nos livrarmos dessa confusão, tão própria a certo dogma metafísico, entre heteronomia e servidão, entre não estar na jurisdição de si e estar em condição de escravidão.

A insubmissão do presente

Mas seria importante compreender as coordenadas efetivas da gênese de tal concepção de autonomia. Ela não nasce no século XIX, embora se consolide nesse momento. Na verdade, ela é paulatinamente preparada durante dois séculos. Nesse sentido, voltemos mais uma vez a certo horizonte histórico gerador de coordenadas fundamentais para a concepção moderna de experiência estética. Voltemos mais uma vez à *Querelle des Anciens et des Modernes*, no século XVII. Sabemos como Habermas defendia que aqui, pela primeira vez, aparecia a noção de um tempo "moderno" por não apelar mais à repetição de tradições e autoridades estabelecidas.[69] Essa arqueologia da modernidade lhe seria fundamental para definir a necessidade de permanência de certa noção de experiência estética autônoma. A estratégia de Habermas é significativa de certa forma de procurar articular experiência estética e emancipação social que acabará por se naturalizar entre nós. Mas podemos questionar mais uma vez os móbiles de sua leitura.

A pergunta geradora da querela é clara: à arte caberia a repetição imemorial dos padrões dos antigos, ou deveria ela saber impor padrões próprios à singularidade do presente? Os padrões antigos seriam

---

[69] "É no domínio da crítica estética que, pela primeira vez, se toma consciência do problema de uma fundamentação da modernidade a partir de si mesma. Isso fica claro quando acompanhamos a história conceitual do termo 'moderno' [...]. Embora o substantivo *modernitas* (junto com o par antitético de adjetivos *antiqui/moderni*) já fosse empregado em um sentido cronológico desde a Antiguidade tardia, nas línguas europeias da época moderna, o adjetivo 'moderno' foi substantivado só muito mais tarde, aproximadamente nos meados do século XIX e, pela primeira vez, ainda no domínio das belas-artes. Isso explica por que as expressões *Moderne* ou *Modernität*, *modernité* conservaram até hoje um núcleo de significado estético, marcado pela autocompreensão da arte de vanguarda" (HABERMAS. *O discurso filosófico da modernidade*, p. 14).

insuperáveis e exemplos sempre a imitar, ou haveria um progresso dos materiais que faria a superioridade da arte do presente? Sabemos como essas questões inauguravam a consciência da irredutibilidade da ruptura própria ao moderno. Lembremos, por exemplo, Charles Perrault, representante dos modernos, ao dizer, em um texto de 1688-1692:

> Não digo que os séculos de Alexandre e de Augusto tenham sido bárbaros, eles foram tão polidos quanto puderam ser, mas pretendo que a vantagem que tem nosso século de ter vindo por último e de ter aproveitado os bons e maus exemplos dos séculos precedentes o fez mais o sábio, o mais polido e o mais delicado de todos. Os Antigos disseram boas coisas misturadas a coisas medíocres e ruins, mas os Modernos tiveram a felicidade de poder escolher, eles imitaram os Antigos no que estes tinham de bom, eles se dispensaram de segui-los no que estes tinham de ruim ou de medíocre.[70]

O último século teria a vantagem de progredir em relação aos demais, de aperfeiçoar o que recebe, pois a excelência ainda não teria sido alcançada em toda a sua extensão. As artes nos mostrariam assim a possibilidade de formas em progressão. Mas poderíamos nos perguntar: qual tipo de exigência o campo da estética porta e que o fez o mais apto, dentre os múltiplos setores da práxis social, a sentir as pressões de certa *insubmissão do presente*? Ou seja, por que seria exatamente a estética a desencadear uma dinâmica de transformação da experiência social do tempo?

Admitamos que, se o tempo pode deixar de ser um *continuum* no interior do qual o passado define as coordenadas de validade do presente, campo no interior do qual a história não seria outra coisa além de *historia magistra vitae*, ou seja, história como repetição das cenas passadas, é porque não serão mais as tradições, os hábitos e as relações estabelecidas de autoridade que poderão ditar as coordenadas de validade do presente.[71] Nesse sentido, seria importante lembrar que a plasticidade do tempo produzirá não apenas a afirmação da excepcionalidade do presente, mas também a possibilidade de tomar distância do presente, de um presente colonizado pelos modos de reprodução hegemônicos.

---

[70] LECOQ (Éd.). *La querelle des Anciens et des Modernes: XVIIe-XVIIIe siècles,* p. 367.

[71] A esse respeito, ver sobretudo KOSELLECK. *Futuro passado: contribuição à semântica dos tempos históricos.*

Que tal distanciamento seja produzido pela experiência estética, pela circulação de formas singulares que tal experiência paulatinamente exige, mostra o caráter de insubmissão que a práxis artística representará. *Essa insubmissão do presente é também insubmissão ao presente.* Isso significa, entre outros, insubmissão de uma sensibilidade que não reconhece mais as medidas fornecidas pelas dinâmicas de reprodução material da vida, e isso será elemento fundamental para a consolidação de demandas sociais de liberdade.

Conhecemos a tendência a pensar a emergência de tal liberdade a partir da temática de um tempo que exige procedimentos de autocertificação, que submete imperativos de validade a exigências de autorreflexão.[72] Ela faz assim da experiência estética o campo de constituição de uma noção de autonomia pensada como ruptura do passado a fim de permitir ao presente dar para si mesmo sua própria lei. Certa noção de autonomia emergiria assim como consciência da afirmação da liberdade em relação ao que aparece enquanto conformação a determinações exteriores vindas da naturalização de relações de opressão social, com a consequente abertura a um campo pretensamente igualitário e democrático de acesso ao juízo de gosto. Não é difícil perceber nessa leitura certa forma de celebração de um horizonte vinculado à emergência da individualidade burguesa em suas ilusões de autodeterminação e livre-arbítrio.

Em um ensaio maior do pensamento crítico nacional, Paulo e Otília Arantes demonstrarão as impossibilidades sociais da defesa contemporânea de tal programa de autonomia e seus comprometimentos políticos.[73] Mas eu gostaria de tomar uma via relativamente distinta, mesmo me apoiando nas mesmas críticas. Pois há que lembrar como a emergência de uma sensibilidade que não reconhece mais as medidas fornecidas pelas dinâmicas de reprodução material da vida abre um movimento que historicamente se realizará como circulação de forças que os sujeitos não controlam, não projetam. Isso pode também significar abertura a uma "história" que agora não será simplesmente a consciência da ruptura que se impõe em relação ao passado, mas a abertura a dinâmicas que levam

---

[72] HABERMAS. *O discurso filosófico da modernidade*; e PIPPIN. *Idealism as Modernism: Hegelian Variations.*

[73] ARANTES; ARANTES. *Um ponto cego no projeto moderno de Jürgen Habermas.*

sujeitos a produzirem aquilo que eles não sabem ainda o que será, pois não tem medida comum com o que eles são no presente ainda marcado pelo peso das tradições e dos hábitos, sem medida comum com o que eles são capazes de representar a partir do sistema de determinação, historicamente constituído, de suas consciências.

A fim de melhor compreender esse ponto, talvez seja o caso de começar por desdobrar melhor o processo histórico de emergência da autonomia estética no Ocidente. O que não significa em absoluto que tal processo seja exclusivamente ocidental, mas apenas que certos pesquisadores, como é meu caso, são capazes de abordá-lo, devido a questões de formação e conhecimento, apenas a partir de sua matriz ocidental. O que impõe limitações à abordagem, mas nos permite, de toda forma, compreender *certo giro autocrítico* nos dispositivos imanentes à racionalidade ocidental. Giro esse possível graças à maneira como certas obras de arte forçam a recomposição do campo de experiências possíveis em determinada época, ressoando, a seu modo, processos insurrecionais no campo político. Obras que devem ser abordadas como expressões, diretas ou não, das dinâmicas insurrecionais que constituem o eixo emancipatório, irredutivelmente não burguês, de nosso processo histórico.

Essa reconsideração das matrizes históricas de emergência da forma estética autônoma nos levará necessariamente ao desenvolvimento da forma musical a partir do século XVIII, na Europa. Dentro da reflexão estética ocidental, a música será a primeira arte a se deparar com exigências sistemáticas de autonomia, já no início do século XVIII, e não será um acaso que durante os séculos XIX e XX ela aparecerá, em vários momentos do debate estético, como a matriz capaz de nos orientar sobre a emergência e o horizonte normativo da forma autônoma.[74] Desde a Antiguidade grega, a música aparece em posição privilegiada como arte

---

[74] Como nos lembra Neubauer: "Pela primeira vez na história da estética ocidental se considerou que uma arte que subordinava as mensagens didáticas e as representações de conteúdos específicos a formas puras era uma arte profunda. Ainda que as peças instrumentais tenham continuado a ser interpretadas como representações (da luz da Lua ou de uma cena pastoral, por exemplo), surgiu uma nova forma de entender as artes, e a luta para legitimar a música instrumental foi a primeira e decisiva batalha da arte não representativa" (NEUBAUER. *La emancipación de la música: el alejamiento de la mímesis en la estética del siglo XVII*, p. 16).

normativamente fundamentada em uma cosmologia de essência matemática, assim como é vista como capaz de interferir na regulagem terapêutica dos afetos e na sustentação de uma harmonia que é expressão metafísica do Cosmos. Não será um acaso que a passagem do mundo fechado ao universo infinito liberará a música como vetor não mais da sustentação da ordem cosmológica, mas da produção do que até então não tinha figura.

Essa compreensão de que o debate sobre a autonomia estética tem uma matriz musical não é apenas uma correção historiográfica que visa lembrar como as discussões sobre a autonomia estética não nascem no romantismo, nas discussões estético-filosóficas sobre o "absoluto literário",[75] nem na constituição da estética como disciplina autônoma, nem sequer na discussão francesa sobre *l'art pour l'art*. Há uma estratégia, muito presente em setores da crítica literária, que consiste em deslocar o início do problema sobre a autonomia estética para o século XIX, a fim de construir mais facilmente a narrativa da ascensão de uma "ideologia estética" que

> deporta a escritura do mundo em direção ao sonho de uma representação total e deixa acreditar que exista uma relação profunda, uma correspondência entre um ideal formal e a essência do mundo que o escritor se esforça de desvelar na linguagem.[76]

No entanto, uma consideração sobre a autonomia a partir de sua matriz real, ou seja, a estética musical, mostra-nos como a forma autônoma visava, como veremos no próximo capítulo de forma mais sistemática, permitir a integração funcional da dissonância como motor do desenvolvimento da forma. Ou seja, tratava-se de criar modalidades de relação com o que estremece a sensibilidade, com o que desestabiliza a imagem socialmente apaziguadora da natureza. A forma autônoma traz a exigência de permitir a circulação do que fora expulso da ordem sensível. Autônoma é a forma capaz de se construir a partir do que lhe é dissonante. Isso nos coloca fora das discussões da forma autônoma como estratégia autorreferencial e de evasão elitista do mundo.

---

[75] Ver LACOUE-LABARTHE; NANCY. *L'absolu littéraire*.

[76] GEFEN. *L'idée de littérature*, p. 113.

A relevância dessa estratégia que consiste em privilegiar a estética musical tem também suas razões ligadas à situação presente. Pois é certo que a música é, atualmente, a mais deslocada das artes. Excetuando-se a produção da indústria cultural e os múltiplos desdobramentos da forma-canção (com sua riqueza imanente), o contato com a composição musical de nosso próprio tempo, mesmo em setores das classes intelectuais, é reduzido, diferentemente do que ocorre com as artes visuais, a literatura e o cinema. Há um ocaso social da música que talvez deva ser creditado, em larga medida, exatamente à negatividade de setores expressivos de sua produção às formas hegemônicas de afecção, sensibilidade e relação. Nomes fundamentais da música do século XX continuam, alguns mesmo 100 anos depois, não integrados àquilo que poderíamos chamar de "cânone do ouvinte médio", o que demonstra como a escuta da música avançada não está vinculada ao primado de classe específica alguma, de elite socioeconômica alguma, como uma má sociologia da cultura quer nos fazer acreditar. Não há elite econômica alguma que ouça Berio, Sahariano, John Coltrane ou Almeida Prado, mas há várias que dançam ao som de Beyoncé, Shakira e David Guetta. Na verdade, tal escuta está ligada a uma *formação crítica* que, por razões sociais claras, não foi ainda capaz de encontrar o momento histórico de sua força. Pois algo dessa ausência de integração deve ser creditada ao estranhamento da forma de emancipação que a audição dessas obras pressupõe, mesmo passado mais de um século. Seu tempo, de certa forma, não envelheceu. Na verdade, ele nunca se realizou. Vale como horizonte programático o que dirá o compositor Helmut Lachenmann:

> Ao superar a escravidão de uma escuta de caminhos preestabelecidos, não se trata de uma excursão (que seria uma desculpa) em direção a novos mundos sonoros, a sons "novos" e "desconhecidos", mas do descobrimento de um novo sentido, uma nova sensibilidade no interior de nós mesmos, de uma percepção transformada. Esta não recuará diante da abordagem de sensações de escutas desconhecidas, mas ela valerá também por redescobrir, como sendo novo, aquilo que era familiar, como um mundo que, de repente, soa de maneira estranha.[77]

---

[77] LACHENMANN. L'écoute est désarmée: sans l'écoute. In: SZENDY. *L'écoute*, p. 119.

Por isso, há que defender que as colocações simplificadoras que estranham a tentativa de pensar dinâmicas de ruptura e transformação a partir de considerações sobre "o passado" merecem nosso descrédito. A desconsideração soberana das lutas e tensões que constituem o campo temporalmente distendido de nossas transmissões partilha, com as forças da conservação, uma noção instantaneísta de presente, no interior da qual nenhuma ressonância é possível, nenhuma incorporação de multiplicidades temporais é tentada ou desejada. Toda revolução é um movimento para a frente e para trás, movimento que muda o tempo futuro e passado. Um presente incapaz de compreender isso é um tempo fadado ao colapso. O exílio em um presente sem ressonâncias é fraqueza semelhante à que encontramos nesses organismos que, para sobreviver, precisam restringir ao máximo seu campo de experiência. Submeter o que se entendeu por "tradição" a uma visão desprovida de agonística é apenas girar mais profundamente o parafuso do esquecimento. Em um país, como o Brasil, no qual o gesto colonial por excelência sempre foi o apagamento, a estereotipia do passado, o silenciamento das lutas que se distendem no campo histórico das sublevações, acreditar que mais um apagamento vá nos redimir é só uma maneira involuntária de enfiar mais rapidamente a faca na altura no peito.

Por fim, seria o caso de responder a certas críticas possíveis ligadas ao fato de discutir uma tradição que parece, em larga medida, desdobrada em outro território. Diria que faz parte das estratégias de descolonização do pensamento recusar de forma peremptória certa divisão social do trabalho que impede a um brasileiro expor outra perspectiva àquilo que foi produzido em outros territórios e que, mesmo assim, afeta-lhe. Essa divisão social do trabalho procura impor a nós (muitas vezes a partir de um figurino que foi decidido, ironia suprema, em universidades anglo-saxãs, com sua maneira bastante peculiar de definir horizontes pós-coloniais a partir de seus interesses e suas limitações políticas) um conjunto de problemas e autores que nos seriam "naturais", eliminando o desconforto que se produz quando perspectivas vindas de países colonizados avaliam dinâmicas de produção que se desdobraram em países centrais em relação ao processo global de produção capitalista. Descolonizar o pensamento é também recusar tais limites.

Capítulo 3
O estremecimento do sensível

– Mas tantas notas, meu caro Mozart
– Nenhuma a mais que o necessário, Majestade.
Mozart, ao rei

[...] como um mundo que,
de repente, soa de maneira estranha.
Helmut Lachenmann

A morte musical de deus e seus descontentes

Max Weber tem uma tese que, à sua maneira, resume bem certa forma ainda hegemônica de compreender a emergência da autonomia musical. Ela consiste em insistir que a música ocidental consolidou-se como autônoma em relação a fins externos através da quebra de sua submissão a funções rituais e teológicas. Tal processo fez com que tanto sua audição quanto sua composição fossem desprovidas de submissão ao que ele chama de "emprego prático-finalista":

> temos que nos recordar do fato sociológico de que a música primitiva foi afastada, em grande parte, durante os estágios iniciais de seu desenvolvimento, do puro gozo estético, ficando subordinada a fins práticos, em primeiro lugar sobretudo mágicos [...]. Com a ultrapassagem do emprego meramente prático-finalista das fórmulas sonoras tradicionais e, por conseguinte, com o despertar das necessidades puramente estéticas inicia-se o despertar da verdadeira racionalização.[78]

---

[78] WEBER. *Os fundamentos racionais e sociológicos da música*, p. 86.

Há duas afirmações importantes nesse trecho. Primeiramente, a afirmação sociológica da inexistência de música não subordinada em certo estágio pretensamente "primitivo" da experiência musical. Weber acredita que uma música não subordinada tenha como condição de existência a separação da execução musical de outras funções materiais, para além daquilo que chamaríamos hoje de "função de distinção". Separação que pretensamente teria ocorrido apenas na Europa do século XVIII, através principalmente do esgotamento da perspectiva pitagórica em música, com sua visão holista da música como fenômeno subordinado à lógica da harmonia celeste.[79] Tal separação se beneficia ainda da liberação da tipificação estrita da música em relação a uma doutrina dos afetos e à submissão da música aos efeitos da retórica, isso em prol do advento de uma expressão que não será mais pensada como mímesis, ao menos nos sentidos que esse termo tomou como "imitação". Tais processos teriam produzido um novo lugar social da música, sendo que uma de suas principais expressões seria a emergência de espaços exclusivos de audição, como as casas de concerto.

Mas a proposição seria apenas sociologicamente interessante (embora ela devesse ser antropologicamente provada, o que Weber não faz, pois isso pressuporia um conhecimento do desenvolvimento histórico do fenômeno musical fora do Ocidente, mas seu eurocentrismo o impede de fazer uma análise dessa envergadura), se ela não viesse acompanhada de sua continuação, a saber, da afirmação de "necessidades puramente estéticas" inicialmente resultantes da racionalização da forma musical e, por consequência, do advento de um princípio imanente de desenvolvimento de seus materiais. Isso significa afirmar que, livre da submissão ao poder unificador de vínculos teológico-políticos, a música também se veria livre da força externa que provocaria estereotipização de intervalos, estruturas e frases. O desencantamento de sua função social seria, ao mesmo tempo, liberação da força plástica de seus materiais.

---

[79] "No conceito grego original de *mousiké*, o universo e a alma – κόσμος e ψυχή – estavam ligados em uma unidade, em uma harmonia que não era mística, mas matemática, que o λοΥος, ou seja, o conceito grego de 'língua', formula e, ao mesmo tempo, é" (LOHMANN. *Mousiké et logos: contributions à la philosophie et à la théorie musicale grecques*, p. 13).

Tal liberação imanente da forma musical seria fundamentada, como não poderia ser diferente no caso de Weber, na generalização de determinações baseadas no cálculo, na mensuração e na quantificação. Ou seja, os princípios de racionalização instrumental que unem a racionalidade econômica capitalista e a quebra do mundo qualitativamente distinto da física aristotélica não seriam estranhos à consolidação das necessidades puramente estéticas trazidas pela forma musical. Haveria uma *força de abstração* operando na forma musical, força normativamente simétrica àquela em operação nos campos da ciência e da economia, o que acaba por colocar paradoxalmente em xeque a narrativa weberiana da forma musical livre, já que ela participa, à sua maneira, dos princípios estruturais da racionalidade instrumental hegemônica na ordem capitalista.[80]

Notemos, no entanto, que a associação entre música e matemática é inaugural do fenômeno musical no Ocidente, isso devido à influência da perspectiva pitagórica.[81] Lembremos como, ainda na Idade Média, a música é parte de um Cosmos, não tendo realidade autônoma alguma, o que justifica sua presença no *quadrivium*, ao lado da aritmética, da astronomia e da geometria. Durante séculos, o som musical será tratado como "número sonoro", e sua lógica será submetida à harmonia mimeticamente sustentada entre as órbitas celestes e os movimentos da alma. A música aparece assim como expressão subordinada, submetida a fundamentos fornecidos pela aritmética. A partir da hegemonia do pensamento cristão, tais fundamentos trarão as marcas dos princípios revelados por deus, como chegará a dizer São Tomás de Aquino.

---

[80] Vem de Adorno a compreensão da interversão necessária entre racionalização e dominação nesse modelo interpretativo weberiano. Não será por outra razão que Adorno deverá afirmar: "Não há dúvidas de que a história da música é uma progressiva racionalização […]. Não obstante, a racionalização é apenas um de seus aspectos sociais, assim como a racionalidade ela própria. 'Aufklärung' é apenas um momento da história da sociedade, que permanece irracional, presa ainda a formas 'naturais'. No interior da evolução total de que participou através da progressiva racionalidade, a música foi também, e sempre, a voz do que ficara para trás no caminho desta racionalidade, ou do que fora vítima" (ADORNO. Ideias para a sociologia da música. In: *Benjamin, Habermas, Horkheimer, Adorno*, p. 262).

[81] Uma boa descrição desse ponto pode ser encontrada no primeiro capítulo de NEUBAUER. *La emancipación de la música: el alejamiento de la mímesis en la estética del siglo XVIII.*

De certa forma, tal subordinação à aritmética permanece, mas em um horizonte agora desencantado. Como dirá Hollander, o século XVIII conhecerá uma "desafinação do céu", resultante de um lento desencantamento da estética musical.[82] Essa desafinação está ligada à autonomização da relação entre música e matemática diante dos princípios metafísicos de uma harmonia cosmológica. Como já vimos em várias ocasiões, os elementos que definem o eixo de uma transformação estrutural estarão quase todos presentes na situação anterior, mas organizados em um dispositivo específico que ruirá, liberando tais elementos para desempenharem novos papéis.[83] Esse é o fenômeno que Max Weber tem em vista. É pelas vias da matemática que a música se subordinava à cosmologia. É pelas vias da matemática que ela afirmará sua autonomia. De certa forma, será a crítica precoce a tal modelo de abstração numerária vinculado a um processo que décadas mais tarde chamaremos de "racionalidade instrumental", que fará alguém como Hegel afirmar:

> Pelo fato de que o elemento musical do som e da interioridade, para o qual se impulsiona o conteúdo, é tão abstrato e formal, não pode ser feita outra transição ao particular a não ser que se recaia imediatamente nas determinações técnicas, nas relações de medida dos sons, nas diferenciações dos instrumentos, nas tonalidades, nos acordes etc. Mas neste âmbito, sou pouco versado e, por isso, devo-me desculpar de antemão se eu apenas me restringir aos pontos de vista mais universais e às observações isoladas.[84]

Ninguém deveria se enganar com essa inesperada e única confissão de humildade vinda exatamente do filósofo que nunca viu problema algum em falar do que quer que fosse. Ela é apenas uma maneira polida de dissertar sobre a irrelevância da música devido exatamente ao processo imanente de racionalização de seus materiais. Não é de se estranhar que o filósofo que nunca deixou de criticar a abstração do pensamento matemático veja na música um caminho estéril, com suas relações de medida, de proporção, suas análises de acordes etc. Afinal, como ainda se dizia à

---

[82] Ver HOLLANDER. *The Untuning of the Sky: Ideas of Music in English Poetry 1500-1700*.

[83] Um momento ilustrativo desse processo é fornecido por FOUCAULT. *Les plaisirs de la chair*.

[84] HEGEL. *Cursos de estética,* v. III, p. 281.

época: "Música é uma ciência que deve definir regras: tais regras devem derivar de um princípio evidente e tal princípio não pode ser conhecido por nós sem a ajuda da matemática".[85] Ora, essa racionalização seria, ao menos segundo certa tradição que engloba Hegel, a figura máxima do ocaso da arte, de sua incapacidade em ser o veículo da experiência social da emancipação. O elemento musical do som seria abstrato e formal, porque ele simplesmente indicaria que a experiência estética deleita-se na contemplação de si, ela se perde em uma autonomia que nada mais seria do que o culto formalista da abstração.

De certa forma, a estética hegeliana tem, como uma de suas características maiores, a recusa de toda relação possível entre sentido e autonomia. Dizer a famosa frase segundo a qual as obras de arte perderam a capacidade de nos fazer dobrar os joelhos é a maneira poética que Hegel tem de afirmar que não há mais enraizamento da experiência estética na espiritualização da vida social, que ela se encontra em um impasse expresso muito bem pelo primado da música no interior do romantismo alemão. A estética hegeliana é antirromântica por excelência.

Esse impasse aliaria formalismo extremo e subjetivismo igualmente extremo. O formalismo seria apenas o instrumento de uma profunda indeterminação e interioridade sem forma. Pois a música seria, "de todas as artes, aquela que é mais apta a se liberar […] da expressão de todo conteúdo determinado [*Ausdruck ingerdeines bestimmten*]".[86] Ao contrário da poesia, em que o significante fônico continuaria sendo a designação de uma representação e não aspiraria à significação apenas por si mesmo, a música permitiria à forma sonora transformar-se em fim essencial enquanto construção. Mas ela perderia a objetividade interior dos conceitos e representações que a linguagem poética ainda seria capaz de apresentar à consciência. A música apareceria assim como linguagem da interioridade subjetiva da sensação: "A consciência, que não tendo mais nenhum objeto em face dela, é tragada pelo fluxo contínuo de sons".[87] É a abstração vazia que liga formalismo e subjetivismo.

---

[85] RAMEAU. *Treatise on Harmony*, p. XXXV.

[86] HEGEL. *Cursos de estética*, v. III, p. 147.

[87] HEGEL. *Cursos de estética*, v. III, p. 153.

No entanto, há que insistir na posição não hegemônica da estética hegeliana. Para a posteridade de Schopenhauer até Clement Greenberg,[88] a música teria permitido, ao contrário, a consolidação de dispositivos que servirão de modelo para o desenvolvimento de outras artes. E, nesse sentido, a mudança drástica de avaliação da linguagem musical, por exemplo, de Kant e Hegel a Schopenhauer e Nietzsche, indica a consolidação da música como arte indutora de processos de transformação estrutural das potencialidades da linguagem artística em geral.

Tal consolidação já era ensaiada há mais de um século. Ainda no século XVII, a música aparecia em um processo fundamental para a constituição de uma noção de modernidade que fora uma invenção inicialmente estética. Não será por outra razão que Charles Perrault, mais uma vez ele, em seu texto *O século de Luís, o grande*, que impulsionará a Querela dos Antigos e dos Modernos, dirá, a respeito da música:

> A Grécia, concedo, teve vozes sem igual
> Cuja doçura extrema encantava as orelhas
> Seus mestres cheios de espírito compuseram cantos
> Tais como os de Lully, naturais e tocantes
> Mais não tinham conhecimento algum da doçura incrível
> Que os acordes produzem com seu encontro agradável
> Apesar de todo grande ruído feito pela Grécia
> Nela tal arte foi uma arte imperfeita.[89]

Ou seja, a música é a arte reconhecida por Perrault na qual a Antiguidade pode aparecer em sua maior imperfeição quando comparada à modernidade. Essa singularidade não é fruto de uma idiossincrasia. Ela expressava uma condição objetiva da linguagem musical em

---

[88] Lembremos a afirmação de Greenberg: "Em razão de sua natureza 'absoluta', da distância que a separa da imitação, de sua absorção quase completa na própria qualidade física de seu meio, bem como em razão de seus recursos de sugestão, a música passou a substituir a poesia como a arte-modelo [...]. Norteando-se, quer conscientemente quer inconscientemente, por uma noção de pureza derivada do exemplo da música, as artes de vanguarda nos últimos cinquenta anos alcançaram uma pureza e uma delimitação radical de seus campos de atividade sem exemplo anterior na história da cultura" (GREENBERG. Rumo a um novo Laocoonte. In: FERREIRA; COTRIM. *Clement Greenberg e o debate crítico*, p. 52-53).

[89] LECOQ (Éd.). *La querelle des Anciens et des Modernes: XVIIe-XVIIIe siècles*, p. 270.

meados do século XVII. Pois a música estava em vias de expressar da maneira mais explícita o advento de uma ruptura radical de padrão de ordenamento, graças à emergência do sistema tonal e suas regras de harmonia e progressão. Se os gregos desconheciam a doçura incrível que os acordes produzem com seu encontro agradável é porque não estávamos ainda na era aberta pela consolidação das potencialidades do sistema tonal. É tendo em vista os desdobramentos dessa querela fundadora da modernidade que encontraremos, décadas mais tarde, Jean-Phillippe Rameau procurando demonstrar por que "nossa música é mais perfeita do que esta dos antigos".[90] E note-se a forte noção de progresso histórico que encaminha tal discussão. Nossa música não seria simplesmente diferente da dos antigos, ela seria mais perfeita, ela seria mais avançada, porque ela enfim teria sido capaz de desvelar os princípios estruturais de dissonância e consonância através do som fundamental, permitindo assim a tematização direta da produtividade do princípio construtivo da forma. Nessa recusa da origem, recusa do peso do sentido garantido pelo originário que se expressaria em um tempo sem rupturas, a autonomia na arte aparecerá pela primeira vez no Ocidente.

Origem da melodia, melodia da origem

O vínculo de Weber ao horizonte aberto pela teorização de Rameau é claro. Se é verdade que uma esfera social de valor será mais racional na medida em que ela estabelecer seus processos de valoração através de um plano sistêmico de organização, plano que tira de si mesmo sua própria certificação, então é com a consolidação do sistema harmônico tonal que a música abriria precocemente para as outras artes as portas do que seria a modernidade. Para tanto, Weber precisará assumir o que Rameau tinha afirmado em 1722, em um contexto que estava longe de se reduzir simplesmente à teoria musical: "Música é geralmente dividida em harmonia e melodia, mas a última é meramente uma parte da primeira, e um conhecimento de harmonia é suficiente para um entendimento completo de todas as propriedades da música".[91] Essa dicotomia, que

---

[90] RAMEAU. *Treatise on Harmony*, p. XXXIII.

[91] RAMEAU. *Treatise on Harmony*, p. XXIII.

atravessa os debates musicais do século XVIII, oporá Rameau a Rousseau, adepto da preservação de certo princípio mimético vindo do *melos* e de sua clareza pretensamente natural. Para Rousseau, seguindo uma longa tradição na qual encontramos Charles Batteux[92] ou Vincenzo Galilei e o grupo da Camerata, o *melos* é preservação da transparência que a linguagem prosaica tende a perder, ele é a fala retornando à sua origem de canto, à força do enraizamento da expressão na imanência prenhe de sentido da natureza.[93] Nesse ponto, Rousseau é fiel à compreensão grega do *melos* como derivação do *plurale tantum* homérico μελεα que, por sua vez, indica os membros do corpo. Ou seja, nessa palavra são pensadas, conjuntamente, a constituição do corpo e a articulação melódica, como se fosse o caso de salientar a unidade entre as disposições do sentir, a organicidade da ordem e aquilo que é acessível ao *logos*.[94]

A quebra entre *logos* e *melos* produzida por Rameau, quebra que fazia seus contemporâneos verem em sua música "falta de clareza", "falta de unidade", "dificuldade" ou mesmo uma "monstruosidade disforme", é imediatamente sentida por Rousseau como o último estágio da perda da transparência da expressão, como emergência perigosa de uma autonomia que não deve ser lida como autonomia em relação às formas da vida social (tal como fazemos hoje), mas principalmente em relação à potência da normatividade natural. Por isso, essa autonomia seria apenas uma degenerescência que se daria, principalmente, através do abandono de uma música baseada na potência expressiva e mimética da voz, para abraçar assim uma música que se realiza, de forma degenerada, como "escrita": "essa música metódica, compassada, mas sem gênio, sem invenção e sem gosto, que se chama em Paris *música escrita* por excelência e que, de fato, só serve para ser escrita, mas nunca para ser executada".[95]

---

[92] Ver BATTEUX. *Les Beaux arts réduits à un même principe.*

[93] "A melodia é uma linguagem como a fala; todo canto que não diz nada não é nada; e apenas esse pode depender da harmonia" (ROUSSEAU. Examen de deux principes avancés par M. Rameau. In: *Œuvres complète*, p. 356). Como lembra bem Lydia Goehr a respeito de Rousseau: "uma língua é servil e os que a falam não são mais livres quando seus meios de expressão estão cortados de sua origem" (GOEHR. *Politique de l'autonomie musicale: essais philosophiques*, p. 176).

[94] Ver, a esse respeito, LOHMANN. *Mousiké et logos*, p. 18.

[95] ROUSSEAU. Lettre sur la musique françoise. In: *Œuvres complètes*, p. 309.

Conhecemos, graças a Derrida, o horizonte metafísico da crítica ao *tópos* da escrita como perda da transparência e de autoafecção própria à voz.[96] Pois esse *tópos* procura sustentar uma equação entre sentido e presença que seria definitivamente quebrada, ao menos para Rousseau, assim que proliferasse essa música mais apta à escrita do que à execução e à escuta. No que se nota como o *tópos* da crítica ao "formalismo" tem raízes metafísicas profundas. Ele se refere a certa noção de presença imediata da substância a si mesma que a reflexividade da escrita teria pretensamente contribuído para quebrar.

No entanto, assim como em Rousseau, há um "naturalismo" em Rameau, basta lembrarmos como ele insistirá em naturalizar os princípios harmônicos que garantiriam a consonância dos intervalos de oitava, quinta e terça e a dissonância do acorde derivado da sétima, realizando, com isso, a versão musical de uma *mathesis universalis*. Esse naturalismo é estranho a Rousseau por não permitir a fundamentação de um horizonte crítico vinculado à recuperação suplementar da origem. Recuperação que permite a *crítica política da linguagem*, dessa linguagem atual incapaz de abrir espaço ao comum por pretensamente não ter mais expressão alguma. O naturalismo de Rameau funda-se em uma física, em considerações sobre a normatividade imanente do "corpo sonoro"; já o naturalismo de Rousseau é peça fundamental de uma política. No entanto, essa física não deixará de, por sua vez, abrir espaço a uma política que terá desdobramentos importantes.

Lembremos como termina seu *Ensaio sobre a origem das línguas*, texto impulsionado pelo debate musical com Rameau[97]: "toda língua com a qual não nos fazemos escutar pelo povo em assembleia é uma língua servil; é impossível que o povo seja livre e fale uma língua dessas".[98] Uma língua que o povo em assembleia não escuta é aquela desprovida de eloquência, afastada da persuasão por separar o povo, por ser apenas uma fala em nome próprio, reduzida a sua condição instrumental de descrição de interesses. "A primeira máxima da política moderna", dirá Rousseau a respeito da política que até agora nos concerniu, é: "os sujeitos

---

[96] DERRIDA. *De la grammatologie.*

[97] Ver DUCHEZ. Principes de la mélodie et origine des langues: un brouillon inédit de Jean-Jacques Rousseau sur l'origine de la mélodie, p. 40.

[98] ROUSSEAU. *Essai sur l'origine des langues*, p. 126.

devem permanecer separados", e é a língua degradada à sua dimensão instrumental e comunicacional que os separa.

Lembremos que diz Rousseau: "as necessidades ditaram os primeiros gestos e as paixões arrancaram as primeiras palavras".[99] Ou seja, a fala instrumental que expressa apenas sistemas de necessidades é uma fala muda, mais próxima da pura gestualidade. Ela separa os humanos, pois os coloca em relação de concorrência e de defesa. No entanto:

> a força da linguagem não reside no poder de fornecer imagens das coisas, mas no poder de pôr a alma em movimento, de colocá-la numa disposição que torne visível a ordem da natureza. A linguagem *imita* a natureza quando *colabora* com a ordem, quando restitui, no interior da humanidade, a ordem que seu nascimento tinha contribuído para apagar.[100]

Esse é um tópico que acompanhará certa ideologia estética, a saber, o tópico do *poder restituinte da música*, que, para Rousseau, é inversamente proporcional ao *poder destituinte do teatro*, já que a proliferação da representação é convite à degradação moral e à perversão do corpo político. A afirmação da autonomia musical só poderia ser assim negação dessa terapêutica da restituição. Negação que terá consequências políticas maiores, por quebrar a força implicativa de um comum mediado não por uma linguagem comunicacional, mas por uma linguagem expressiva, linguagem baseada no reconhecimento de laços produzidos por paixões.

As paixões são implicativas. Elas nunca dizem respeito apenas a um, elas mudam o outro quando enunciadas, elas são circuitos de afetos. Por isso, a linguagem das paixões é aquela que realmente produz laços.[101] Mas as paixões dependem do canto, da melodia, da potência mimética da música: "É pelo canto, não pelos acordes, que a música tem expressão, fogo, vida; é apenas o canto que dá os efeitos morais que

---

[99] ROUSEEAU. *Essai sur l'origine des langues*, p. 38.

[100] PRADO JR. *A retórica de Rousseau*, p. 161.

[101] "O efeito que o canto produz sobre o outro, ou seja, a comunicação do sentimento que sinto, constitui minha própria paixão em um objeto que posso tematizar (a título de imitação, o canto é uma operação reflexiva), ao mesmo tempo que ele evidencia minha participação em uma comunidade de seres sensíveis" (CHARRAK. Rousseau et la matière de l'expression musicale, p. 646).

fazem toda a energia da música".[102] Pois a voz é promessa de proximidade e contato. É essa melodia das paixões que faz a verdadeira língua do povo. Pois o estar em assembleia não é apenas o ato de estar em um mesmo espaço e de procurar um consenso entre interesses distintos. Estar em assembleia é o ato de falar outra língua, estranha à língua dos interesses, das representações e das estratégias, mas próxima da língua das paixões. Por isso, as verdadeiras assembleias são algo raro.

Para Rousseau, faz parte do poder não exatamente mobilizar por paixões, e sempre será o mais profundo dos enganos imaginar que o poder mobiliza uma linguagem das paixões. Na verdade, ele sempre procurará esvaziar a língua de sua força de expressão, fazer dela ou o mero espaço de descrição desafetada ou o mero espaço de afirmação de minhas propriedades, daquilo que me separa de outros sujeitos. Por isso, a primeira revolta sempre será uma revolta da língua contra sua degradação, uma procura da língua em parar um processo descrito por Rousseau da seguinte forma:

> À medida que as necessidades crescem, que os negócios se confundem, que as luzem se estendem, a linguagem muda de caráter, ela se torna mais ajustada e menos apaixonada; ela substitui os sentimentos por ideias, ela não fala mais ao coração, mas à razão. Por isto, o acento se apaga, a articulação se estende, a língua se torna mais exata, mais clara, mas mais surda e fria.[103]

A recuperação da força expressiva da linguagem é assim a condição para a política, pois ela permite a emergência da proximidade e o fim da separação. Nesse sentido, podemos dizer que a forma fundamental de sujeição é a eliminação dessa força expressiva, e isso será feito, entre outros, quando até a música não tiver mais força alguma. Pois o progresso natural das "línguas letradas" consistiria em perder a força a fim de ganhar clareza, o que só pode significar, para Rousseau, uma forma de sujeição. Isso pode nos explicar por que essa nova música trazida por Rameau só pode soar a Rousseau como a consagração final de uma língua exata, clara, surda, letrada e, principalmente, fria, incapaz de tocar pela paixão, o que a ópera italiana e sua sujeição musical ao canto seria capaz de fazer.

---

[102] ROUSSEAU. Examen de deux principes avancés par M. Rameau, p. 359.

[103] ROUSSEAU. Examen de deux principes avancés par M. Rameau, p. 384.

Assim, com Rameau, a música ganharia autonomia por perder a força de produzir "efeitos morais" fundamentais para a consolidação de um novo corpo social em sua força de implicação genérica. Para preencher sua força política própria, a música deveria, ao contrário, submeter-se a uma moral, ela não deveria criar um *ethos* a partir do desenvolvimento imanente de seus materiais. Por isso, trata-se de exigir a fundamentação dos modos de expressão em um solo natural e originário pensado como horizonte normativo estrito, trata-se de sujeitar a música a uma moral vinculada à abertura *ao espaço comum soterrado pela degradação da linguagem.*

No entanto, percebamos a especificidade da operação que anima o pensamento de Rousseau. Se nos perguntarmos sobre uma peça musical que poderia expressar bem o horizonte restaurativo rousseauista, não teremos melhor exemplo do que a ópera que desencadeou a Querela dos Bufões, a saber, *La serva padrona*. A escolha não poderia ser mais sintomática. A ópera de Pergolesi não marca apenas a entrada do gênero cômico no campo operístico, ela não é apenas a expressão de uma limitação consciente de meios tendo em vista o fortalecimento do texto em detrimento da autonomização da música e em prol da clareza das emoções. Há que lembrar como Rousseau escolhe uma ópera cuja questão central é a insubmissão, seja de classe, seja de gênero.

Pergolesi conta a história de Uberto, patrão que tem uma empregada, Serpina, que não lhe obedece, que inverte as relações de mando e que acabará também por se livrar da submissão de classe e de relações de trabalho ao se tornar a patroa da casa. Ou seja, contrariamente às óperas de corte de Lully, Pergolesi trazia à cena o desejo da insubmissão popular através de uma música com redução drástica de ornamentos e cadências. O conservadorismo formal de Rousseau se mostra como operador de uma política cujo verdadeiro horizonte de retorno se realiza no fim das relações de sujeição hierárquica. A simplicidade que emerge é a clareza do desejo popular de não ser mais submetido a um poder de dominação laboral, hierárquico e masculino.[104] E se os

---

[104] Não deixa de se significativo que uma ópera que descreve a insubmissão feminina tenha sido o eixo de tanto debate em um momento no qual a Europa conhecia a consolidação de dispositivos de sujeição feminina que mostravam como a "depreciação literária e cultural estava a serviço de um projeto de expropriação" (FEDERICI. *Calibã e a bruxa: mulheres, corpos e acumulação primitiva*, p. 203), como fortalecimento de processos de

enciclopedistas, como D'Alembert e Diderot, acabarão por assumir a perspectiva de Rousseau, é, certamente, por eles perceberem o potencial emancipatório e igualitário que essa forma singular de fazer apelo à origem produzia. O que não poderia ser diferente para o teórico da soberania popular.[105]

Essa ideia de insubmissão será claramente traduzida na música. E "claramente" não está aqui como mero adjetivo de fortalecimento retórico. Tomemos a primeira frase de entrada de Uberto, essa que se desdobra entre os compassos 7 e 20. O texto diz: "*Aspettare e non venire,/ stare a letto e non dormire,/ ben servire e non gradire,/ son tre cose da morire*". A frase joga com a enunciação de um desejo e sua recusa.

Musicalmente o processo é claro: as palavras que expressam desejos [*Aspettare, stare a letto, ben servire*] são cantadas de forma impositiva, como ordens, através de duas semínimas e uma mínima na mesma altura (progredindo de sol a lá e depois a si), para reforçar a forma de um chamado. Mas o chamado não encontra ninguém, mesmo subindo um tom a cada nova enunciação. Não há realização possível, e isso é musicalmente transcrito pelo consequente: sempre uma sequência descendente em uma oitava abaixo. Como quem grita no vazio, como quem grita cada vez mais alto e não obtém resposta. Esse mesmo movimento é repetido pelas cordas em uma clarificação do enunciado musical. A resposta não vem porque a figura subalterna (Serpina) não é mais alguém em subalternidade.

---

acumulação primitiva. Não se deve negligenciar esse aspecto ao levarmos em conta as escolhas musicais de Rousseau.

[105] Por isso, é impossível admitir a correção de perspectivas como as de Juliane Rebentisch, que se apoia na crítica rousseauista ao teatro e à teatralização do espaço público para concluir dizendo que: "uma democracia antiteatral representa, de fato, o fim da democracia" (REBENTISCH. *The Art of Freedom: On the Dialectics of Democratic Existence*, p. 184). A dependência da representação como instrumento fundamental de realização de uma liberdade compreendida como multiplicidade tolerante às formas de vida a leva a recusar a natureza profundamente necessária de uma política que faz a crítica da representação. Pois essa crítica é setor fundamental da crítica da desigualdade, já que a gramática da representação nunca é neutra. Ela decide o que é visível e o que não é visível, o que pode ser contado e o que não pode ser contado. A política assembleísta de Rousseau, com todas as questões que ela possa produzir, tem ao menos o mérito de fazer o poder retornar a seu fundamento soberano em um movimento de destituição geral das diferenças, como se vê na ópera de Pergolesi.

son tre co - se da____ mo - ri - re, da____ mo -

ri - re.

Uma *mathesis universalis* musical

De fato, o naturalismo de Rameau é de outra natureza, estranho à força restauradora da música pressuposta por Rousseau, mas ele produzirá uma forma específica de abertura a transformações políticas sobre a qual seria importante discutir.

Iniciemos lembrando como o naturalismo de Rameau é uma espécie de naturalismo de estrutura, ou, se quisermos, um tipo muito peculiar de "naturalismo transcendental". Ele não é fundado na expressão que nos vincula ao horizonte natural, mas nos princípios construtivos, que se apoiam em propriedades imanentes do material sonoro. Em uma inversão importante, a expressão aparece assim submetida à construção. Isso permite à harmonia aparecer como o desdobrar da totalidade através de princípios construtivos que definem, a partir de si, estruturas de relações, de subordinações, de hierarquia, de orientação e unidade.[106] Nessa leitura, a característica fundamental da harmonia moderna está em sua capacidade de determinar as "condições de possibilidade" do fenômeno musical.

A esse respeito, lembremos, por exemplo, como o sentido de harmonia entre os gregos não se referia à consonância de sons, mas à disposição diacrônica dos sons em uma frase melódica.[107] A aplicação da noção de harmonia para díades simultâneas ocorre apenas com a consolidação da música polifônica, a partir do século X europeu. É a partir de definições dessa natureza que a dissonância aparecerá como discórdia entre sons simultâneos. Em tratados musicais a partir do século XIV, não se devia usar dissonâncias em texturas de nota contra nota, embora elas fossem permitidas em passagens desprovidas de tensão rítmica e através de notas de curta duração. É apenas com Rameau que a dissonância aparece como

---

[106] Lembremos o que afirma Hugues Dufourt: "A noção de harmonia é anfibológica: ela designa ao mesmo tempo a ciência de formação e de encadeamento de acordes, assim como o sistema de tensões – quer dizer, as unidades antitéticas – que, desde a origem, rege a conformação dos elementos ao todo [...]. Nesse sentido, a harmonia é potência das diferenças, regra de dissimilitudes, desigualdade de relações e assimetria de termos comensuráveis" (DUFOURT. Les origines grecques de la conception d'harmonie. In: *Musique, rationalité, langage: l'harmonie, du monde au matéria*, p. 18.

[107] TENNEY. *A History of "Consonance" and "Dissonance"*, p. 11. Ver também o estudo presente em MENEZES. *Apoteose de Schoenberg*, p. 395-401.

tensão móbil de uma nota em relação ao som fundamental, ou seja, é a dissonância em relação à estrutura funcional que define a unidade orgânica da obra. A partir de então, serão as condições de possibilidade determinadas pela estrutura harmônica que definirão a partilha, fundamental para a linguagem musical, entre consonância e dissonância.

Notemos ainda como esse sistema preserva a unidade ao mesmo tempo que define uma orientação de desenvolvimento e conflito imanente ao desdobrar da forma. Esta é sua característica mais singular: ele não precisa da estaticidade para garantir a unidade, como nas formas modais, mas produz a coordenação dos materiais através da definição prévia dos eixos que determinarão sua própria transformação histórica. Sua teleologia desencantada fundamenta-se em princípios estritamente formais, internos e matemáticos. É isso que Weber tem em mente ao insistir que: "Não haveria música moderna sem essas tensões derivadas da *irracionalidade da melodia*, já que elas constituem precisamente seus mais importantes meios de expressão".[108] Pois será visto como racional um sistema que aceita um elemento que lhe seja dissonante, "irracional", desde que tal elemento possa ser antecipado, preparado e resolvido. Como dirá Schönberg, alguns séculos depois, em seu *Harmonia:* "introduzir cautelosamente [a dissonância] e resolver sonoramente: eis aqui o sistema! Preparação e resolução são, portanto, as duas cobertas protetoras em que vai cuidadosamente empacotada a dissonância para que não receba nem ocasione danos".[109]

Mas há aqui um ponto que não deve ser esquecido e que limita radicalmente essa forma de abordagem weberiana, mostrando seu comprometimento histórico. Pois tal figura da autonomia, no fundo, expressa um insidioso encantamento de segundo nível, o que faz dela ainda a continuação da teologia por outros meios. Esse encantamento está inscrito nas estruturas normativas próprias a certa forma de conceber a autonomia musical e sua coerência. Esse encantamento permanecerá quando for questão da autonomia moral. Vale aqui o que diz Felip Martí-Jufresa:

> Assim, correlativamente, a morte de deus em música, a morte musical de deus não será apenas a desafecção do sentido cultual da arte, mas a

---

108 WEBER. *Os fundamentos racionais e sociológicos da música*, p. 60.
109 SCHOENBERG. *Harmonia,* p. 96.

perda do valor, a desvalorização irrefreável dessas características, desses atributos assinalados como motores, como valores-força do compor musical, como as características esperadas e valorizadas em uma composição, como os traços essenciais do conceito mesmo de composição.[110]

Tais atributos assinalados como motores do compor musical são: a coerência da forma e a unidade de sua dispersão. Por isso, há que reconhecer que, contrariamente à morte de deus em música, essa morte musical de deus precisará esperar alguns séculos para começar a se fazer sentir. Mesmo a autonomia de Weber ainda dependerá de uma teologia que sabe muito bem se preservar quanto menos falar seu próprio nome. Podemos dizer isso porque há que perguntar que tipo de autonomia nasce dessa forma musical cujo eixo é Rameau. Há dois aspectos que gostaria de salientar nesse processo. A tensão entre esses dois aspectos será um motor fundamental de desdobramento da forma musical.

Primeiramente, não será difícil perceber como teremos uma ordem fundada em princípios de subordinação e hierarquia, com centros claramente definidos, mesmo que móveis. Teremos uma lei que garante a unidade integral do sentido através do respeito a um princípio de desenvolvimento que, mesmo quando quebrado, permite tais quebras apenas para que a ordem seja reinstaurada em um giro cada vez mais inesperado de astúcia. Assim, essa autonomia como legislação de si será dependente de uma *teologia da forma coerente* fundada sobre um princípio que é definição estrita das condições de progressão, que é teodiceia da vitória sobre a dissonância pela reiteração sistemática da consonância garantida pela linha do baixo fundamental, que perpassa as progressões de acordes e suas inversões. Assim, a autonomia garante, ao mesmo tempo, a unidade da obra, a coerência da forma e a direcionalidade do tempo cumulativo com sua memória, com seu processo regulado. "Unidade, coerência, desenvolvimento" ou talvez "unidade e coerência como condição para o desenvolvimento", como condição para a maioridade musical. Esse é o primeiro eixo da autonomia produzida por tal debate musical. O que não seria diferente para um princípio de autolegislação que fornecerá, também, as bases para a noção de autonomia moral. Pois a autonomia moral pressupõe a regularidade coerente das

---

[110] MARTÍ-JUFRESA. *La possibilité d'une musique moderne*, p. 70.

condutas e a sua unidade através do uso extensivo de normatividades que se aplicam com a uniformidade da regra jurídica.

Note-se que se encontra aqui certa astúcia da identidade própria a essa primeira emergência da forma autônoma. A emergência de um sistema que é a forma mesma da preparação e resolução de dissonâncias permite o exercício de um princípio de identidade de segundo grau, princípio que não coloca em questão suas estratégias de produção de sentido diante das exigências de integração do heterogêneo, do discordante, do que provoca afetos de rejeição. Não será obra do acaso que o compositor responsável pela primeira sistematização consequente do sistema tonal tenha, como uma de suas maiores obras, uma ópera de celebração da abertura expansionista dos horizontes, como *Les indes galantes*. Ópera que tem, em um dos seus momentos mais conhecidos, "selvagens" cantando:

> Forêt paisibles,
> Jamais un vain désir ne trouble ici nos cœurs.
> S'ils sont sensibles,
> Fortune, ce n'est pas au prix de tes faveurs.[111]

Há algo da afirmação do sistema tonal através da voz desses "selvagens" que cantam corações que nunca são atormentados por desejos impulsionados pela fortuna. Como se fosse o caso de lembrar que, mesmo lá onde o heterogêneo canta, é da reinstauração segura de florestas calmas que se trata. Os "selvagens" cantarão em tempo de música de corte, como se estivéssemos em um baile de Lully.

Dialética entre controle e descontrole

Tenhamos isso em mente quando virmos, séculos depois, Pierre Boulez afirmar, em um momento maior da reconfiguração da relação entre forma e sentido na estética musical: "a era de Rameau e de seus princípios 'naturais' está definitivamente abolida".[112] Pois há que ir com mais vagar na adesão ao caráter peremptório da frase. Boulez faz tal afirmação para logo

---

[111] "Florestas aprazíveis/ Nunca um vão desejo atormenta aqui nossos corações/ Se eles são sensíveis/Fortuna, não é ao preço de teus favores" (tradução minha).

[112] BOULEZ. *Penser la musique aujourd'hui*, p. 30.

em seguida dizer: "A estes que irão me objetar que, partindo do fenômeno concreto, obedecem à natureza, às leis da natureza, eu responderei, sempre segundo Rougier: 'damos o nome de leis da natureza a fórmulas que simbolizam a rotina da experiência'".[113] No entanto, poderíamos lembrar que a crítica à naturalização dos princípios de consonância e dissonância próprios ao sistema tonal não implica crítica à adesão tácita à ideia de uma relação profunda entre forma "coerente" e sentido que se sustenta mesmo no pensamento serial do próprio Boulez.[114] O gesto, próprio a Rameau, de apelar à construtividade do pensamento matemático ainda está lá, em afirmações como: "Quando se estuda o pensamento dos matemáticos ou dos físicos de nossa época sobre as estruturas (do pensamento lógico, das matemáticas, da teoria física...), percebe-se, claramente, o imenso caminho que os músicos ainda devem percorrer antes de chegar à coesão de uma síntese geral".[115] Ou seja, nessa ode à estrutura, vemos como ainda estamos diante de certa noção de unidade, de coerência, de articulação que exprime um conceito de "composição", de "criação", que não mudará.[116] Seria interessante se perguntar sobre o que se faz quando uma obra trabalha para, ao contrário, decompor a estrutura.[117]

---

[113] BOULEZ. *Penser la musique aujourd'hui*, p. 31.

[114] A esse respeito, ver MARTÍ-JUFRESA. *La possibilité d'une musique moderne*, que, com sua estética anarquista rigorosa, foi quem primeiramente salientou tal conservadorismo bouleziano.

[115] BOULEZ. *Penser la musique aujourd'hui*, p. 28.

[116] Sabemos que Lydia Goehr dirá: "aqui reside a essência de uma concepção crítica do princípio da mímesis. Uma obra não copia o mundo, ela intervém de maneira crítica nele e o problematiza ao reivindicar, através da ilusão estética, que ela nada tem a ver com ele. Aqui se encontra a essência de um formalismo crítico" (GOEHR. *Politique de l'autonomie musicale*, p. 36). Esse formalismo crítico pode operar por projeção de mundos possíveis através da reconstrução rigorosa da coerência formal sobre bases renovadas. Mas ele se arrisca a permanecer dependente das disposições gramaticais de base a respeito da unidade forçada da coerência e da coesão.

[117] Essa teologia da coerência estará também presente em Schönberg. Basta lembrar de afirmações explícitas como: "Os requisitos essenciais para a criação de uma forma compreensível são a *lógica* e a *coerência*: a apresentação, o desenvolvimento e a interconexão das ideias devem estar baseados nas relações internas, e as ideias devem ser diferenciadas de acordo com sua importância e função [...]. Naturalmente, o compositor, ao escrever uma peça, não junta pedacinhos uns aos outros, como uma criança que faz uma construção com blocos de madeira, mas concebe a composição em sua totalidade como uma visão

Mas notemos a tensão fundamental do gesto de Rameau, pois essa tensão pode nos levar a uma espécie de tendência subterrânea da forma estética autônoma. Tendência que, ao se radicalizar, retira a forma estética dos limites estabelecidos pela autonomia moral e sua dependência em relação àquilo que chamamos de teologia da forma coerente e de seu princípio gerador vinculado à autolegislação da forma.

O que nasce com Rameau não é apenas uma autonomia pensada como autolegislação a partir de princípios autorreferenciais. Certamente, o princípio mimético tão caro a Rousseau se quebra para que uma totalidade funcional possa ser construída a partir da estrita observância a regras de progressão harmônica. Com isso, nasce uma coerência construtiva. Mas há outro lado na ideia da emergência de um sistema cujo princípio fundamental é a regulagem do heterogêneo. Já no século XVIII, Chabanon percebia algo dessa natureza ao procurar descrever o que seria a "nova língua" que a música de Rameau produzia e que lhe dava a impressão de ser um "estrangeiro em meio a seus compatriotas, como se ele tivesse nascido a mil séculos daqui".[118] Uma característica de nova língua claramente assumida por Rameau, quando se diz guiado pelo "método de Descartes" em sua procura por um ponto arquimediano capaz de reconstruir a racionalidade musical para além de bases cuja legitimidade viriam da simples repetição de tradições e hábitos. Daí por que, nessa procura por esclarecimento a respeito do som fundamental, do som harmônico e das diferenças entre som e ruído, dirá Rameau:

> Eu me colocava o mais exato que me foi possível no estado de um homem que não teria nem cantado nem ouvido o canto, prometendo-me recorrer a experiências estrangeiras todas as vezes que tivesse a impressão de que o hábito de um estado contrário a este no qual me supunha me levaria, apesar de mim mesmo, para além da suposição.[119]

---

espontânea; só então é que inicia a elaboração, como Michelangelo que trabalhou seu *Moisés* em mármore sem utilizar esboços, completa em cada detalhe, formando, assim, diretamente, seu material" (SCHOENBERG. *Fundamentos da composição musical*, p. 28).

[118] CHABANON. *Éloge de M. Rameau*, p. 13.

[119] RAMEAU. *Démonstration du principe de l'harmonie (1750)*, p. 11.

O estado de alguém que nunca teria cantado nem ouvido o canto: como se fosse possível abrir um espaço vazio no qual se desdobrariam novos princípios construtivos. Como se a produção estética inicial fosse a produção de um espaço vazio.

Tal produção permitirá redefinições estruturais. Primeiramente, a sujeição do *melos* à ideia musical advinda da construção harmônica liberava a música de sua sujeição à organicidade do que se coloca como ordem natural, pois o motivo musical não será fruto de uma "pintura" mimética da ordem posta. Assim, a escuta se libera de sua colonização pela visão, como se nosso pensamento metafisicamente formado pela visualidade encontrasse seu limite na música.[120] Daí por que Chabanon dirá, a respeito dos motivos musicais de Rameau: "Nenhum assunto inspira e leva suas ideias, não se sabe de onde ele as tira, do nada ele faz algo, é uma criação propriamente dita". Esse horizonte de certa criação *ex nihilo* aparece como próprio a algo que Chabanon não teme em descrever como uma "revolução". O que não poderia ser diferente, se aceitarmos que, "quando escutamos música puramente sinfônica, o espírito não está prevenido por ideia alguma, e o coração por sentimento algum, o transtorno deve nascer inteiramente da força dos sons".[121] Essa liberdade permitia à música dispor árias em uma dinâmica de expressões e caracteres até então desconhecidos, forçando um processo de liberação da expressão em relação a uma gramática tipificada de emoções. Diderot havia compreendido oimpacto que tal liberação causaria, isso a ponto de escrever, exatamente em *O sobrinho de Rameau*, que é uma peça maior do dossiê da querela entre Rameau e os enciclopedistas, a propósito do tio em questão:

> Ele escreveu tantas visões ininteligíveis e visões apocalípticas sobre a teoria da música, na qual nem ele nem ninguém entendia algo, e compôs um

---

[120] Ver, a esse respeito, HEIDEGGER. *Nietzsche*, 2007.

[121] CHABANON. *Éloge de M. Rameau*, p. 23. A perspectiva de Chabanon será vista por Lévi-Strauss como prenunciadora de uma compreensão estruturalista do processo de produção do sentido: "Na França, em pleno século XVIII, os princípios sobre os quais Saussure fundará a linguística estrutural são claramente enunciados, mas a propósito da música, por um autor que tem uma ideia análoga àquela que devemos atualmente à fonologia" (LÉVI-STRAUSS. *Regarder, écouter, lire*, p. 95). Essa associação visa mostrar como o fato musical parece antecipar uma determinação eminentemente relacional e autônoma do sentido.

certo número de óperas nas quais há harmonia, pedaços de cantos, ideias descosidas, colisões, voos, triunfos, lances, glórias, murmúrios, vitórias a perder o fôlego; árias de dança que duram eternamente e que, depois de ter enterrado o Florentino, será enterrado pelos virtuosos italianos, o que ele pressente e lhe deixa sombrio, triste, amargo.[122]

Não deixa de ter sua ironia perceber como o responsável por um sistema capaz de garantir um princípio fundamental de unidade era visto por seus contemporâneos como, ao contrário, responsável por músicas compostas com "ideias descosidas" e "árias de dança que duram eternamente". É que a liberação do princípio construtivo de sua sujeição mimética através do primado do *melos* traria, em pouco tempo, um estremecimento da ordem sensível que Diderot já sente. Tanto sente que faz o sobrinho defender uma perspectiva que procura reinstaurar a racionalidade musical em uma dimensão extramusical, ligada à mímesis das paixões e da prosódia. Diderot percebe como a mudança operada por Rameau tiraria a expressão de seu horizonte seguro para transformá-la, como veremos mais à frente, em princípio de deformação da forma.

No interior desse caminho, *a regulagem do heterogêneo produzida pela harmonia tonal acabará por se revelar desregulagem do homogêneo*. O que não poderia ser diferente, pois, como Rousseau havia claramente compreendido, uma música não mais assentada na mímesis em relação à potência expressiva da origem está submetida a um processo aberto de desdobramento imanente de seus princípios. Ela impõe para si uma processualidade contínua.

Assim, pelas vias da irredutibilidade da dissonância, ou seja, de sua emancipação progressiva em relação a um sistema antecipação-resolução, pelas vias do silêncio que quebram o medo que o barroco tem do vazio (e notemos, por exemplo, como o silêncio adentra a cena de *Castor e Pollux* no prelúdio "Tristes apprêts"), ou ainda pela via das rupturas, mudanças bruscas e quebras, a teologia da forma coerente encontrará seus limites. Como nos lembrará Hanns Eisler, não será por acaso que "[a] história da música é a história da dissonância".[123] Pois

---

[122] DIDEROT. *Le neveu de Rameau*, p. 26.

[123] EISLER. *Musique et société*, p. 32.

sua história será a história de uma reversão da ordem e da liberação da circulação livre do que desorganiza a sensibilidade.

Isso nos permite afirmar que autônoma será a forma capaz de se confrontar com o que a desestabiliza e que ao final a levará a abandonar seu próprio princípio construtivo, elaborado sob a forma de sistema. Se não fosse um sistema internamente instável, o tonalismo nunca produziria sua própria negação. Ou seja, e essa será talvez a mais importante contribuição de Rameau à emergência da autonomia musical: autônoma não é simplesmente a forma que se afirma para além da mímesis com a origem que se constitui como natureza ou para além de empregos prático-finalistas que limitam sua plasticidade formal. *Autônoma é a forma que produz um estremecimento da sensibilidade por ser capaz de fazer operar, em sua força máxima, aquilo do qual a sensibilidade tinha sido separada*, aquilo que não se canta, aquilo com o qual não há identidade possível, que expressa a discórdia e a desarmonia. Processo que ganhará força irreversível quando ele se associar com a apropriação, pela estética musical, da tematização do que corrói toda representação, através da estética musical do sublime e da liberação da expressão em relação à determinação fenomênica dos afetos.

Notemos aqui um ponto importante. A experiência estética pode aparecer como um eixo fundamental da experiência social da liberdade por ela realizar aquilo que poderíamos chamar de condições afetivas para a emancipação. Há estruturas de afetos que impedem toda forma possível de emancipação, e no cerne de tais estruturas encontra-se o medo, com seu cortejo de separação, imunização, defesa e paralisia.[124] O que a forma estética permite é exatamente a relação com aquilo que se coloca em profunda heteronomia em relação aos nossos regimes de autopreservação, o que a tópica dos "prazeres negativos" do sublime, da composição com o que nos decompõe, do estranhamento, do fragmentário expõe de forma tão explícita. Assim, ela nos prepara para a experiência social de uma *heteronomia sem servidão*.

Ao fazer o que fora definido como "irracional" um momento de sua própria produtividade e da afirmação do sentido coerente da forma, o *logos musical* coloca a sensibilidade diante daquilo que lhe

---

[124] Sobre esse ponto, remeto a SAFATLE. *O circuito dos afetos: corpos políticos, desamparo e o fim do indivíduo*.

estremece. E pelas vias de tal estremecimento podem emergir regimes da recomposição polimórfica da forma ou regimes de suspensão do que, até então, organizava a sensibilidade. Isso explicita uma dimensão política fundamental da autonomia estética. Se podemos falar em "dimensão política" nesse caso é porque tal estremecimento permite a desindentificação paulatina com o sistema de organização da reprodução material do tempo presente, abrindo com isso o espaço à possibilidade de formas outras de configuração da experiência e do campo de determinações. Essa desindentificação paulatina marcará um longo trajeto em que será o caso de realizar não apenas a emancipação da dissonância, mas também a liberação em relação à ordem, unidade, hierarquia, funcionalidade. Por isso, *autônoma é a forma que caminha seguramente em direção à sua própria dissolução.* Um pouco como esses organismos que, segundo Sigmund Freud, procuram morrer à sua própria maneira.

Alguns podem ver nessa temática de um "longo trajeto" paulatino a expressão de certa filosofia da história a guiar, sob o signo do progresso, essa narrativa da música em direção à liberação da potência de sua forma em relação ao horizonte teológico-moral que procura colonizá-la. Teríamos assim uma filosofia da história musical que opera por aprofundamento de contradições até uma mutação revolucionária das potencialidades da forma. Sim, não há por que esconder o que não tem razão de que seja escondido: há aqui a pressuposição de um processo histórico que se organiza como realização de si por contradição imanente de si. Por isso, a experiência musical não é simplesmente o decalque sonoro das aspirações do capitalismo em ascensão e de sua classe burguesa. Por ser a expressão de uma contradição que a vida social procura negar com todas as suas forças, a experiência musical que nos interessa será eixo fundamental para certa experiência social de emergência do que nega a ordem. E para quem se espanta com um pretenso superdimensionamento da música, lembremos que não há nenhum conceito ordenador do campo do comum (como território, comunidade, estado, nação, *pólis*) que não tenha seus limites musicalmente traçados, o que já Platão sabia muito bem.

De fato, essa experiência de emancipação social prometida, descrita através de certo processo histórico próprio à estética musical no Ocidente, não é a única possível nem precisaria se colocar como tal para ter seu interesse e sua relevância. Ela está ligada a certo horizonte de experiência que nos constituiu, embora não seja o único horizonte de experiência a nos constituir. No entanto, seria o caso de lembrar que o reconhecimento de outros caminhos possíveis não elimina o interesse em descrever, de forma acurada, caminhos específicos.

Há ao menos duas formas de o pensamento crítico se mover: a primeira é colocando em confrontação matrizes distintas de pensamento a fim de mostrar a relatividade daquilo que tomamos por universal e irrecusável. Tal estratégia pode e deve ser usada na reflexão sobre a experiência estética. Mas há ainda outra maneira de o pensamento crítico atuar, e ela passa pela exploração sistemática dos giros autocríticos de uma matriz específica. Ou seja, trata-se de compreender como uma matriz se nega, como ela se confronta com seus próprios limites até explodir, abrindo assim espaço a ressonâncias possíveis com outras matrizes apagadas. Ou melhor, como ela se nega até realizar a si mesma através da explosão de si mesma, o que é uma das formas mais singulares de autorrealização. Não há por que esconder, esse é o caminho que gostaria de percorrer. Por razões múltiplas, outros podem operar a outra estratégia melhor do que eu. Certamente, serei o primeiro a querer ler seus trabalhos para aprender com eles.

II
SUBLIME

Capítulo 4
A emancipação pelo terror

Ninguém molda-nos novamente com terra e barro
Ninguém evoca nosso pó
Ninguém.
Paul Celan

A beleza nada mais é que o começo do terror.
Rainer Maria Rilke

Barnett Newman, em um importante texto sobre o sublime escrito anos após a Segunda Guerra, afirmava: "o impulso da arte moderna foi o desejo de destruir a beleza".[125] A frase tem o mérito da expor um ponto de tensão no interior do projeto moderno, ponto no qual a realização da arte só pode aparecer como uma forma específica de destruição. Como se algo fundamental na experiência estética que nos acompanhou até agora não soubesse o que fazer com o horizonte de reconciliação prometido pelo equilíbrio das formas e do livre jogo das faculdades próprio ao belo.

De toda maneira, a afirmação de Newman tinha a força de ressoar um gesto já bastante arraigado não apenas na arte moderna. Pois a ideia de que o impulso da arte estaria em certo desejo de destruição não era, exatamente, um produto do século XX. Vale nesse contexto o que bem compreendeu Lyotard:

> As vanguardas pictóricas realizam o romantismo, ou seja, a modernidade, que é, no sentido forte e recorrente (que já está presente em Petrônio e

---

[125] NEWMAN. The Sublime Is Now. In: MORLEY. *The Sublime*, p. 25-26.

Santo Agostinho), o desfalecimento da regulação estável entre sensível e inteligível.[126]

Havia aqui uma peculiar "metanarrativa" que vinculava, de forma orgânica, romantismo e modernismo em um quadro ainda mais amplo. Essa era outra maneira de compreender o desenvolvimento da forma estética na arte moderna. Não se tratava da narrativa da destruição paulatina da teatralidade por um processo autorreflexivo de desvelamento dos modos de produção da aparência estética, como vimos no segundo capítulo deste livro. Na verdade, o desenvolvimento da forma estética poderia ser compreendido a partir da destruição progressiva da capacidade de regulação entre sensível e inteligível prometida pela beleza. E é nesse sentido que seria possível afirmar: "o sublime é talvez o modo da sensibilidade artística que caracteriza a modernidade".[127]

Essa leitura tinha o mérito de compreender que a forma estética, ao menos a partir do romantismo, tendia a se realizar como expressão da irreconciliação social, pois tal desregulação entre sensível e inteligível não é exatamente um princípio inscrito em alguma realidade ontológica das obras. Ela é marca de uma desregulação objetiva no interior da vida social. Uma desregulação entre forças produtivas e relações de produção, entre força e forma que caracteriza tempos históricos nos quais a reversão das relações, a recomposição dos lugares sociais aparece como horizonte hegemônico de luta. Essa desregulação encontra um campo privilegiado de tensão nas obras de arte que recusam submeter a dimensão sensível ao pretenso controle produzido pelas categorias do entendimento. Nesse sentido, a preservação do conteúdo de verdade das obras que procuram fornecer a *aisthesis* da emancipação social não poderia deixar de passar pelo impulso de destruição da beleza, com a consequente liberação do sensível das medidas que visam determinar seu significado. O que implicava elevar o sublime à categoria de eixo efetivo de desenvolvimento da forma estética. Dessa forma, o sublime

---

[126] LYOTARD. *L'inhumain: causeries sur le temps*, p. 138. O tópico do desfalecimento da regulagem entre sensível e inteligível ou do colapso das faculdades está também presente em MENKE. *Kraft*, p. 58.

[127] LYOTARD. *L'inhumain: causeries sur le temps*, p. 105.

podia se tornar a mais clara expressão da centralidade do conceito de força como categoria estética.

Música, sublime e a hipótese teológica

Sabemos como tal estética do sublime desempenhará um papel fundamental no debate musical do século XIX. Compreendendo o sublime a partir da noção kantiana de "conceito indeterminado da razão",[128] ou seja, uma Ideia da razão que não é adequada à particularidade de nenhuma apresentação sensível, mas que pode ser formalizada exatamente em sua inadequação, o romantismo alemão encontrou, na ausência de determinação representativa das formas próprias à música instrumental, o espaço para a realização estética do sublime. Tal justificação do primado da música instrumental a partir de uma estética do sublime permitiu a configuração de uma temática decisiva para a estética musical do século XIX que girava em torno da discussão sobre a "música absoluta".[129]

Grosso modo, podemos chamar de "música absoluta" certa noção que via na música instrumental, desligada de textos, programas e funções rituais específicas, o veículo privilegiado para a expressão ou o pressentimento do "absoluto" em sua sublimidade e o estágio de realização natural da racionalidade musical. É a proximidade com tal temática que permitirá a Schopenhauer, concordando aqui com o espírito dominante da sua época, afirmar: "Não podemos encontrar na música a cópia, a reprodução da ideia do ser tal como se manifesta no mundo", pois ela seria a "cópia de um modelo que não pode, ele mesmo, ser representado diretamente", já que "a música, que vai para além das ideias, é completamente independente do mundo fenomenal".[130] Essa indeterminação própria à forma musical em relação à determinação da linguagem prosaica, sua decisão em romper a unidade orgânica desde a Grécia entre *harmonia*, *logos* e *rhytmos*, sua recusa de uma mímesis compreendida como imitação, seria manifestação desse sublime que "demonstra um

---

[128] KANT. *Crítica da faculdade do juízo*, § 28.

[129] DAHLHAUS. *L'idée de musique absolue*, onde se pode encontrar a estrutura do debate aqui esboçado.

[130] SCHOPENHAUER. *O mundo como vontade e representação*, § 59.

poder do espírito que ultrapassa toda medida dos sentidos".[131] É isso que leva alguém como Wagner a afirmar:

> A música, que, a partir de sua linguagem, dá vida ao conceito mais geral e em si obscuro do sentimento, em todas as modulações imagináveis e com a maior clareza e precisão, só pode ser julgada, em si e para si, segundo a categoria do sublime, pois, ao se apoderar de nós, desperta o supremo êxtase da consciência do ilimitado.[132]

Essa afirmação tem ainda o interesse de mostrar como a autonomização da forma musical em relação a textos, programas e à linguagem prosaica deveria, necessariamente, levar a uma profunda problematização de categorias estéticas fundamentais, como expressão [*Ausdruck*]. O "conceito mais geral do sentimento" é necessariamente obscuro. A posição de Wagner ressoava uma bem enraizada reflexão romântica. August Schlegel, por exemplo, defendia claramente a ideia da música instrumental como espaço privilegiado de *expressão* do que a linguagem prosaica vê como inefável, do que desconhece determinação conceitual precisa. No entanto, esse recurso à categoria da expressão como elemento fundamental para a compreensão da racionalidade musical pode soar estranho, já que a expressão parece, normalmente, dependente de uma gramática dos afetos, base para uma estética do sentimento razoavelmente codificada. Isso quando ela não nos leva, diretamente, à posição de uma afinidade mimética essencial com a potencialidade expressiva da linguagem, fazendo assim com que a racionalidade da forma musical apareça como dependente dos parâmetros do que é extramusical, como vimos em Rousseau. Mas a peculiaridade aqui consiste em insistir que o aspecto abstrato da música instrumental em relação à linguagem prosaica seria a garantia de que os sentimentos representados musicalmente não aderem mais às aparências empíricas do mundo.

É isso que permitirá a Schlegel afirmar que a música é a mais filosófica das artes, por purgar as "paixões de toda escória material",[133]

---

[131] KANT. *Crítica da faculdade do juízo*, § 25.

[132] WAGNER. *Beethoven*, p. 33.

[133] SCHLEGEL. *Sämtliche Werke, Kritische Studienausgabe*, p. 235.

abrindo-nos para a contemplação da essência metafísica, do em-si por trás da aparência. Uma ideia partilhada por Schopenhauer, que colocava a música no topo do seu sistema das artes. Posição que se justifica se lembrarmos que, para Schopenhauer, a música:

> nunca exprime o fenômeno, mas a essência íntima, o interior do fenômeno, a própria vontade. Ela não exprime tal ou tal alegria, tal ou tal aflição, tal ou tal dor, terror, encantamento, vivacidade ou calma de espírito. Ela pinta *a* própria alegria, *a* própria aflição, e todos esses outros sentimentos, por assim dizer, abstratamente. Ela nos dá a sua essência sem nenhum acessório e, por conseguinte, sem seus motivos.[134]

Essência própria a uma vontade que nos leva à confrontação com "aquilo que precede toda forma". É a força da permanência de tal programa que levará Dahlhaus à constatação de que, "quando a música, na estética de Schopenhauer, Wagner e Nietzsche, ou seja nas estéticas dominantes da segunda metade do século, é considerada como expressão da essência das coisas, enquanto que a linguagem só apreenderia a aparência, vê-se aí o triunfo da ideia da música absoluta até mesmo no interior da doutrina do drama musical".[135]

Podemos encontrar na filosofia da música do século XX, em especial em Theodor Adorno, ecos desse debate sobre a música absoluta. Basta lembrarmos seu regime de comparação entre música e linguagem:

> A linguagem denotativa gostaria de dizer o absoluto de maneira mediada, mas este lhe escapa em cada intenção particular, ficando para trás em cada uma delas. A música encontra o absoluto imediatamente, mas nesse mesmo instante ele se torna obscuro, assim como uma luz muito intensa que, ofuscando o olhar, não deixa mais ver aquilo que no entanto é totalmente visível.[136]

Note-se a recorrência, em pleno século XX, do vocabulário do "absoluto", da "finitude" e de sua superação paradoxal. Contribuiria para essa cegueira diante do absoluto o fato de que "[é] específico à música

---

[134] SCHOPENHAUER. *O mundo como vontade e representação*, § 51.

[135] DAHLHAUS. *L'idée de la musique absolue: une esthétique de la musique romantique*, p. 16.

[136] ADORNO. *Quasi una fantasia*, p. 39.

que seu caráter enigmático seja enfatizado pela sua distância em relação à determinação visual ou conceitual do mundo dos objetos".[137] Ou seja, mais uma vez a música aparece como modo de aproximação com aquilo que precede toda forma, que é anterior à configuração determinada do mundo dos objetos e de seus estados de coisa, de suas determinações tanto imaginárias quanto simbólicas. Isso talvez nos ajude a compreender por que Adorno afirma ser a música penetrada por intenções, mas por intenções que não se deixam expor em um estilo representativo que nos remeteria diretamente a uma estética do sentimento.

É claro, no entanto, que em Adorno a temática da música absoluta parece encontrar um ponto de inflexão que a faz voltar-se contra si mesma, até porque as condições históricas do material musical não permitiam mais aspirações de posição de totalidades funcionais capazes de satisfazer as exigências de reconciliação depositadas na música. A metáfora do olho e da luz excessiva serve para ilustrar a autonegação necessária da posição das próprias expectativas de síntese da forma musical.

Mas pode parecer como isso que se revela uma matriz efetiva dessa estética do sublime aparentemente tão impregnada na história da música. Que lembremos por exemplo mais uma vez desse texto de Adorno dedicado às relações entre música e linguagem. Que nos lembremos dele afirmando:

> Comparada à linguagem denotativa [*meinende Sprache*], a música é uma linguagem de tipo totalmente distinto. Seu elemento teológico reside aí. O que ela diz, o que se manifesta, é ao mesmo tempo determinado e oculto. Sua ideia assume a configuração do Nome divino.[138]

Colocações como essas podem soar como sintoma da relação efetiva entre estética do sublime e teologia. Afinal, ninguém afirma impunemente que a ideia da linguagem musical seja o Nome divino. E descobrir a teologia no coração dessa teoria musical não seria exatamente uma surpresa, pois a teologia efetivamente faz parte das discussões sobre

---

[137] ADORNO. Über das Gegenwärtige Verhältnis von Philosophie und Musik. In: *Gesammelte Schriften*, p. 416.

[138] ADORNO. *Quasi una fantasia*, p. 37.

o sublime desde sua gênese. Ou seja, a desregulação entre sensível e inteligível produzida pelo sublime não parece ressoar reversões concretas de relações sociais, mas parece a expressão de um empuxo em direção a uma forma de teologia negativa esteticamente configurada.

Já os sensualistas ingleses (Shaftesbury, Addison, Dennis) deixavam clara a filiação teológica da discussão. Por exemplo, Addison, com seu *Os prazeres da imaginação* (1712), não nomeava claramente o sublime, mas tematizava a "grandiosidade" [*greatness*] como uma das fontes de prazer para a imaginação. O que é grande demais força a imaginação a ir além de seus limites, a se sentir livre. Exemplos do que é "grande demais" são: o campo aberto, desertos intocados, a vastidão do mar, abismos, entre outros. Mas a causa final de nosso deleite a respeito de tudo o que é grandioso se encontraria, na verdade, na contemplação da desmesura do "supremo autor de nosso ser".[139] É nessa desmedida entre o que pode ser objeto da apreensão da imaginação e o que é da ordem do sagrado que encontraríamos a marca do sublime. Ou seja, a desmedida do sublime natural ressoa em nossa imaginação o sentimento da presença diante de deus.

Essa marca teológica de origem já está em Longino, autor do primeiro tratado sobre o sublime; basta lembrar de seu exemplo de sublime como a força criadora de Jeová no *Gênesis*.[140] Longino ainda trata o sublime como um conceito próprio à retórica, mas podemos nos perguntar se, no desenvolvimento posterior do sublime como categoria estética, isso a partir da tradução do tratado de Longino por Nicolas Boileau, no interior da Querela dos Antigos e dos Modernos, o horizonte de certa dependência teológica não se afirmaria de forma indelével. Não exatamente uma *teologia da forma coerente*, como vimos anteriormente, mas uma *teologia do irrepresentável*, própria a um deus

---

[139] "Uma das Causas Finais de nosso Deleite, em qualquer coisa que seja grande, pode ser esta. O Supremo Autor de nosso Ser formou a Alma do Homem de tal maneira que nada além de si mesmo pode ser sua última, adequada e própria Felicidade. Porque, portanto, uma grande parte de nossa felicidade deve surgir da contemplação de seu ser, para que ele possa dar às nossas almas um justo prazer de tal contemplação, ele as fez se deleitar naturalmente na apreensão do que é grande ou ilimitado" (ADDISON. The Pleasures of Imagination. In: BOND (Org.). *Critical Essays from* The Spectator *by Joseph Addison*, p. 34).

[140] LONGINO. *Do sublime*. Não será por acaso que o Messias, de Handel, será visto como exemplo privilegiado de sublime por críticos musicais como Hoffmann.

que só poderia se manifestar destruindo, produzindo a materialização imediata da desmedida e do excesso.

Hegel, conhecendo bem as tendências imanentes a seus contemporâneos românticos, já alertava para o tipo de recuperação teológica da arte que o sublime necessariamente produziria. Compreendendo o sublime como figura privilegiada da arte simbólica, Hegel o define como "a tentativa de expressar o infinito sem encontrar no âmbito dos fenômenos um objeto que se mostre pertinente para essa exposição".[141] No interior da arte simbólica, a ideia, ainda abstrata, indeterminada, não tem o fenômeno adequado nela mesma e em si mesma. Por isso, o sublime só poderia ser a expressão de uma preservação teológica da distância, uma manifestação da incondicionalidade do divino, que, quando se manifesta, passa imediatamente à anulação de toda singularidade efetiva. Não é por outra razão que será na literatura hebraica dos *Salmos*, em sua iconoclastia imanente, que Hegel encontrará a melhor realização da arte sublime. Pois:

> O sublime autêntico, devemos procurar onde o mundo criado inteiro aparece em geral como finito, limitado, não se conservando e se sustentando a si mesmo e por esse motivo pode ser visto apenas como obra acessória enaltecedora para a glória de Deus.[142]

Hegel chegará a dizer que, no sublime, a existência exterior é rebaixada diante da substância, pois é só através desse rebaixamento que um Deus sem forma pode se pôr em uma intuição.

Não é difícil perceber como essa crítica de certa autonomização diante da finitude visa acertar contas com a estética romântica em sua tendência a recuperar algo que, para Hegel, não passaria de um arcaísmo, de uma regressão. No lugar da substância una que desconhece o movimento de se apreender como sujeito, própria da arte simbólica, teríamos na arte romântica a interioridade e sua tendência de confundir indeterminação com infinitude real. Confusão que se realiza de forma mais acabada exatamente na música, compreendida como manifestação da "pura interioridade".

---

[141] HEGEL. *Cursos de estética*, v. II, p. 88.
[142] HEGEL. *Cursos de estética,* v. II, p. 101.

Nesse sentido, não seria estranho a Hegel a tendência romântica de abraçar alguma forma de religião da arte via metafísica do sublime, ainda mais se servindo da linguagem musical. Algo que, no fundo, seria apenas uma estratégia compensatória a uma realização concreta da infinitude da qual a arte seria, em sua integralidade, simplesmente incapaz. Hegel conhecia bem o debate romântico para não saber o que significava enviar o sublime diretamente para os confins da arte simbólica.

Mais perto de nós, algo dessa desqualificação teológica do sublime permaneceu na crítica feito por Jacques Rancière à relação entre arte e política em Lyotard e Adorno, não por acaso os dois filósofos contemporâneos mais claramente comprometidos, cada um a sua maneira, com as consequências políticas de uma estética do sublime. Rancière compreende a recuperação contemporânea do sublime como um setor do que ele chama de "guinada ética da estética e da política". Essa guinada ética eliminaria a dimensão dissensual própria ao político.

Seria próprio ao político não tratar o excluído como o mal radical a ser eliminado ou como aquilo com o qual a sociedade deverá tecer alguma forma de relação não política, como o amparo ou o *care*. No entanto, o sublime, ao trazer à cena o irrepresentável e o terror como dois operadores centrais, abriria um espaço aquém da política, pois coloca em colapso a tensão interna ao senso comum e sua força dissensual, cuja figura paradigmática nos seria dada por *A educação estética do homem*, de Schiller. Pois o fato de, em Schiller, o julgamento estético não estar submetido *nem* à lei do entendimento impondo suas determinações conceituais à experiência sensível *nem* à lei da sensação impondo um objeto de desejo permitiria a produção de um livre acordo, que já é desacordo entre entendimento e imaginação. Assim, não seria necessário procurar no sublime a figura do desacordo entre sensível e inteligível. Para Schiller, ao menos segundo Rancière: "o senso comum é um senso comum dissensual. Ele não se contenta em aproximar as classes distantes. Ele coloca em questão a partilha do sensível que funda sua distância".[143]

Nesse sentido, a recuperação contemporânea do sublime apenas demonstraria a incapacidade da arte em sustentar qualquer promessa que seja de emancipação social. Na verdade, tal recuperação simplesmente

---

[143] RANCIÈRE. *Malaise dans l'esthétique*, p. 132.

atestaria "indefinidamente a alienação imemorial que faz de toda promessa de emancipação uma mentira realizável apenas sob a forma do crime infinito, contra o qual a arte responde através uma 'resistência' que é apenas o trabalho infinito do luto".[144] Pois, mais do que uma guinada ética, teríamos na verdade uma regressão teológica da arte, mas agora sob os auspícios de uma teologia negativa que, devido a uma generalização da crítica às determinações fenomenais, seja através de uma concepção genérica de luta contra o "comércio cultural" (Adorno), seja através de uma defesa da heteronomia irredutível do sensível (Lyotard), seria apenas a forma mais astuta da eliminação política do dissenso. Pois se trata, nesse caso, de absolutizar o dissenso, da ontologizá-lo no interior de um tempo histórico intransponível, marcado pela catástrofe irrepresentável.[145]

Essa teologia do irrepresentável seria, na verdade, uma teleologia do tempo messiânico paralisado, tempo paulatinamente transformado em estetização do impossível e do irreconciliado. As expectativas revolucionárias na arte teriam, assim, acabado por produzir uma espécie de recuperação melancólica do sublime, ou melhor, por produzir o sublime como forma suprema da melancolia, com toda a sua fixação em uma perda nunca elaborada, que agora encontra a figura da estetização da distância imemorial. Assim ficaríamos com um impasse figurado na forma: "Ou bem a lei de Moisés ou bem a lei do McDonald's, essa é a última palavra que a estética do sublime traz à metapolítica estética. Não é seguro que essa nova lei de Moisés se oponha realmente à do McDonald's".[146]

A hipótese política do sublime

Mas seria possível e necessário criticar essa crítica do sublime. Em primeiro lugar, do ponto de vista político. Em segundo lugar, do ponto de vista da configuração concreta das obras. Pois não é possível compreender efetivamente o potencial político da categoria de sublime se

---

[144] RANCIÈRE. *Malaise dans l'esthétique*, p. 170.

[145] A leitura que Rancière faz da estética adorniana não é muito diferente daquela que encontramos em BADIOU. *Cinq leçons sur le cas Wagner*. A incompreensão é basicamente a mesma.

[146] RANCIÈRE. *Malaise dans l'esthétique*, p. 141.

não levarmos em conta as obras às quais ele foi associado. No momento em que Hegel escreve, obras de arte de sua época, principalmente obras musicais, eram descritas como sublimes. A obra de Beethoven é um exemplo paradigmático nesse sentido. Seria o caso de partir delas, de retomar sua análise. O mesmo vale para a época de Rancière, que por acaso é a nossa época.

Sobre essas obras musicais, há que insistir que a música fornecerá a figura ideal do sublime não apenas devido ao caráter antirrepresentativo da música instrumental e sua autonomia de funções. Afinal, a autonomia sempre precisou conviver com determinações estritas de programas, referências extramusicais e funções, mesmo no romantismo, basta lembrar da *Sexta sinfonia*, de Beethoven, "Pastoral", do uso do texto na *Nona sinfonia* ou, por exemplo, dos *Noturnos*, de Chopin. Não é por acaso que uma das formas musicais mais importantes do romantismo, juntamente à sinfonia, ao quarteto de cordas e à sonata, será o *Lied*. Para além do romantismo, toda a música de Debussy é incompreensível sem essa dimensão "heterônoma" e marcada pela visualidade, isso apenas para ficar no exemplo mais explícito. E, se quisermos ir até a música contemporânea, o que dizer da mímesis dos sons naturais em *Vortex temporum*, de Gérard Grisey?

Isso apenas nos lembra, mais uma vez, que a discussão sobre autonomia musical não deve se dar através de uma pretensa "purificação" da música em relação à dimensão fenomenal. O debate sobre a música absoluta, embora perceba tendências reais, tem certa limitação e parcialidade. Na verdade, como o eixo fundamental da autonomia musical está na sua capacidade de estremecer o sensível ao construir sistemas de composição com a dissonância, a música acabava por fornecer o veículo privilegiado para a formalização estética de um mundo em transformações estruturais. Sua dinâmica de integração de dissonâncias, cada vez mais instável e cromática, fornecia a base material para a expressão de um momento histórico caracterizado principalmente por dinâmicas concretas de sublevações revolucionárias na Europa e na América Latina. Ela fornece a expressão material de um horizonte de experiência sensível em sublevação. Isso seria um ponto fundamental a ser levado em conta.

Por isso, a discussão sobre as consequências políticas do sublime é incompreensível se não retomarmos esse horizonte histórico concreto.

Sem essa passagem pelas obras e pelos debates, o uso da regressão teológica acaba por operar como uma espécie de espantalho que visa atemorizar esses que imediatamente associam mobilização teológica e bloqueio da emancipação social. No entanto, nem sequer essa associação é historicamente correta.

A história dos processos de emancipação social conhece a reincidência de dispositivos teológicos que são recuperados no interior de processos políticos de emancipação popular, isso desde as revoltas camponesas de Thomas Münzer até o comunismo agrário dos Diggers, na Inglaterra do século XVII, sem esquecer que a Revolução Haitiana começa em um ritual vudu e que as lutas por transformação social na América Latina, no século XX, em muito se beneficiam de movimento religiosos como a teologia da libertação. Tais processos históricos mostram como o teológico admite agenciamentos políticos múltiplos, seu tempo messiânico já foi usado em várias circunstâncias como motor de repetição histórica. A crítica intelectual do messianismo é apenas um fantasma incapaz de dar conta de como efetivamente ocorrem as dinâmicas de superação da paralisia social. Essa é apenas uma maneira de insistir que a existência de uma dimensão teológica efetiva na gênese da categoria de sublime não impede que, a partir de certo momento histórico, o impulso de transcendência que ela pressupunha seja reenquadrado em dinâmicas claras de emancipação política. Nesse sentido, é sintomático que, em um debate sobre a categoria de sublime, Rancière se sirva do pensamento estético de Schiller sem tomar o cuidado de partir de suas discussões explícitas exatamente sobre a categoria de sublime.

Em um dos textos inaugurais do uso romântico da categoria de sublime, Schiller, em 1801, partia da Terceira Crítica de Kant a fim de falar do "temível [*furchtbar*] e maravilhoso espetáculo de transformação que destrói tudo e recria tudo, e de novo destrói tudo",[147] algo que não se encaixa sem mais nos limites do senso comum kantiano. Certamente, o terror do qual fala Schiller tinha relações claras com o "terror sublime" ligado à dimensão dos prazeres negativos diante do que pode nos provocar dor e destruição, como descrevia Edmund Burke, em 1757.[148]

---

[147] SCHILLER. *Do sublime ao trágico*, p. 72.

[148] BURKE. *A Philosophical Enquiry into the Origin of Our Ideas of the Sublime and Beautiful.*

É ainda pensando no mesmo prazer estético produzido pela contemplação do que ameaça nossa existência física que Kant dirá, tempos depois: "sublime é o que nos compraz pela resistência contra os interesses imediatos do sentido".

A discussão de Schiller partia da reflexão sobre essa forma específica de violência. Seu texto começava por tematizar as condições para a realização da liberdade, o que significava, nesse contexto, tematizar as condições nas quais não se é mais objeto de violência exterior. De onde se seguia a proposição paradoxal de que a liberação em relação à violência passava por se submeter a ela livremente, como se fosse questão de fazer da violência um ato próprio seu [*seine eigene Handlung*]. A coerção produzida pela violência exterior, essa exterioridade da presença no mundo natural, da contingência dos acontecimentos, não seria dobrada através de alguma ilusão de domínio e de controle. Ela seria dobrada abrindo-se (bem, estávamos no idealismo alemão) a uma razão que se revela lá onde o entendimento só encontra contradição que destrói suas leis, lá onde a imaginação se vê diante de um abismo, lá onde a contingência da história já não nos amedronta mais, lá onde nos confrontamos com uma força [*Kraft, Macht*] que nos abre para além da psicologia utilitarista, ao nos levar a ir contra nosso princípio de autoconservação. Em todos esses casos, estaríamos liberados do sistema ordinário de estados de coisa, estaríamos diante da impossibilidade da imitação.[149]

Esse seria, para Schiller, o último estágio da educação estética da humanidade, um estágio que faria apelo à pedagogia do terror sublime porque a suspensão da distinção entre prazer e dor, com o consequente colapso da psicologia utilitarista, permitia outra experiência de si, na qual nossa dignidade como seres inteligíveis se faz sentir. Ou seja, o sublime apareceria aqui, claramente, como um problema ligado à irredutibilidade da violência produzida pela razão, e que faria do terror da natureza algo menor. Essa violência do exercício da razão não tem relação alguma com formas de "violência epistêmica". Antes, ela é a violência que se faz contra si enquanto existência sensível, que se produz como explosão da finitude própria às coordenadas de um si mesmo imerso no mundo sensível.

---

149 Como bem lembra LYOTARD. *L'inhumain: causeries sur le temps*, p. 111.

Dessa forma, seria possível produzir esse giro próprio à estética do sublime que consiste na capacidade de dar à violência que se exerce sobre si uma produtividade própria. Isso implicava, entre outras coisas, transformar a expressão da irreconciliação em princípio da experiência estética *enquanto tal*. Se quisermos, poderíamos mesmo dizer que a experiência estética se tornava assim a permanência de objetos que portam em sua forma as marcas da irreconciliação com o mundo. Por isso, não estaríamos errados em dizer que sublimes são objetos sem mundo, objetos capazes de se construir lá onde outros veriam apenas a expressão de uma crise e de um movimento bruto de destruição. Lá onde mundos desabam há esses que veem o que é da ordem do sublime, mesmo que seja sempre necessário lembrar que há várias maneiras de fazer desabar mundos.

É fato que Schiller não é Newman, nessa reflexão romântica sobre o sublime, a beleza ainda terá seu lugar na educação estética da humanidade. Como ele dirá:

> Apenas quando o sublime se conjuga ao belo, e quando formamos a nossa receptividade para ambos na mesma medida, somos cidadãos perfeitos da natureza, sem com isso nos tornarmos seus escravos e sem abrir mão de nossa cidadania no mundo inteligível.[150]

Rancière tem razão em lembrar a articulação entre belo e sublime em Schiller. No entanto, seria incorreto desconsiderar a profunda tensão que tal articulação pressupõe, a disparidade de operações que marca o humano como clivagem e que invalida o recurso a um senso comum.

Tendo isso em vista, seria também o caso de lembrar uma dimensão política recalcada no debate. Pois falar do terror sublime em 1757, como o faz Burke, e falar do mesmo assunto em 1801, como o faz Schiller, não poderiam ser a mesma coisa. Entre os dois havia ocorrido a emergência concreta de um "terror" que era a violência própria à "força moral do governo popular", como dirá Robespierre. Havia, de fato, a presença social de uma força de destruição que, para muitos, não poderia ser compreendida como mera expressão da pretensa fúria irracional de massas, mas como princípio de criação a ser integrado na reconfiguração

---

[150] SCHILLER. *Do sublime ao trágico*, p. 73.

revolucionária das formas sociais. A Revolução Francesa havia colocado em circulação, de forma bastante concreta, um "temível e maravilhoso espetáculo de transformação que destrói tudo e recria tudo, e de novo destrói tudo".[151] A emergência revolucionária que a Europa conhecerá no final do século XVIII levava ao campo político e social uma denúncia da vida mutilada (vida que nos constituiu, vida da qual participamos), um desabamento da ordem, um abalo sísmico que retirava sujeitos de seus pretensos lugares naturais, abrindo a vida social a uma procura por novas determinações e sensibilidade.

Essa articulação entre sublime e dinâmica revolucionária já estava indicada, ao menos, desde Kant e seu *O conflito das faculdades*. Lembremos mais uma vez essa passagem célebre:

> A revolução de um povo espiritual, que vimos ter lugar nos nossos dias, pode ter êxito ou fracassar; pode estar repleta de miséria e de atrocidades de tal modo que um homem bem pensante, se pudesse esperar, empreendendo-a uma segunda vez, levá-la a cabo com êxito, jamais se resolveria, no entanto, a realizar o experimento com semelhantes custos – mas esta revolução, afirmo, depara nos ânimos de todos os espectadores (que não se encontram enredados neste jogo), com uma *participação segundo* o desejo, na fronteira do entusiasmo [*am Enthusiasm grenzt*], e cuja manifestação estava, inclusive, ligada ao perigo, que não pode, pois, ter nenhuma outra causa a não ser uma disposição moral no gênero humano.[152]

Não é difícil perceber como o terror revolucionário é posto no mesmo lugar que as forças naturais do sublime dinâmico. Isso à condição de sermos portadores de um entusiasmo que se preserva "no limite" da participação como espectador, já que o verdadeiro entusiasmo refere-se apenas ao ideal e expressa a possibilidade da autolegislação, pois se realiza na luta por uma constituição civil fruto do direito dos povos em dar para si mesmos suas próprias leis. Seguindo Kant, só da Alemanha, e em sua transformação da luta política em afirmação da autonomia moral,

---

[151] Sobre a violência popular e o terror, e sobre a crítica à pretensa "explosão de irracionalidade do político" nessa forma de violência, ver sobretudo WAHNICH. *La liberté ou la mort: essai sur la terreur et le terrorisme*.

[152] KANT. *O conflito das faculdades*, p. 105.

poderíamos ver a violência revolucionária desdobrando-se em um campo marcado pela experiência do sublime. De toda forma, essa associação entre dinâmica revolucionária e sublime não era indevida. Basta lembrarmos este fato assinalado por Hannah Arendt, a respeito da Revolução Francesa:

> Era como se uma força maior do que o homem interviesse no momento em que os homens começavam a afirmar sua grandeza e a defender sua honra [...]. As várias metáforas que mostram a revolução não como uma obra dos homens, mas como um processo irresistível, as metáforas de ondas, torrentes e correntezas, ainda foram cunhadas pelos próprios atores, que, por mais que tivessem se inebriado com o vinho da liberdade em abstrato, visivelmente não acreditavam mais que fossem agentes livres.[153]

Essas metáforas das torrentes, correntezas e ondas descomunais, da força maior que os humanos, já haviam aparecido antes, mas não exatamente no campo político. Elas estavam presentes na retórica e na estética do sublime. Mas é claro, não havia aqui a posição distante de espectador que Kant via como necessária. Antes, sujeitos apareciam como portadores de ações a partir do entusiasmo. Tratava-se de se compreender como portador, como suporte de uma dinâmica que tinha a força dos acontecimentos naturais incontrolados. Como se vê, o paradoxo aqui, ao menos aos olhos de Arendt, ficaria por conta de um fenômeno, feito em nome da liberdade e da autonomia dos indivíduos, ser pensado como a submissão a uma força incontrolada, comparável a fenômenos naturais como ondas, correntezas e turbilhões. Para Arendt, os únicos fenômenos políticos de transformação seriam aqueles que confirmam a forma prévia dos indivíduos portadores de interesses e capazes de deliberar através da consolidação de sua vontade autônoma a partir da decisão racional sobre meios e fins. Há uma psicologia na base dessa avaliação política, há uma antropologia no fundamento normativo dessa avaliação de processos históricos. É essa psicologia que talvez decaia quando uma revolução eclode. Por isso, talvez devamos levar a sério a possibilidade de que o espanto de Arendt venha do fato de as revoluções serem a emergência de outra forma de *kratos* cuja matriz mereceria uma análise mais detalhada. Pois

---

[153] ARENDT. *Sobre a revolução*, p. 81.

só uma revolução modifica a força que anima o exercício do poder, não porque ela instaure a força em outros agentes, mas porque ela desconstitui sua gramática. Ela permite aos sujeitos deporem sua ilusão autárquica, admitindo que as ações são produzidas por aquilo que não se submete integralmente à forma da minha vontade e da minha consciência. Ao modificar a força que define o exercício do poder, uma revolução abre as possibilidades efetivas para a instauração de novas formas de vida e estruturas outras de relacionalidade.

Mesmo se voltarmos a Hegel, não será difícil perceber que há um paralelo instrutivo entre o sublime e um certo processo político que atende pelo nome de jacobinismo. Essa tentativa de "expressar o infinito sem encontrar no âmbito dos fenômenos um objeto que se mostre pertinente para essa exposição" tem sua figura no campo da representação política. Ela é o entusiasmo revolucionário para o qual todo governo é apenas a facção vitoriosa. Por ser a expressão da liberdade como pura indeterminação, ela verá todo governo, toda representação como finita, como facção, como culpada, da mesma forma como toda tentativa de representação do sublime só poderá ser uma perversão. Ao menos para Hegel, há uma linha comum entre sublime, jacobinismo e música patrocinada pela expressão da negatividade como o impasse da "pura indeterminação".

Entre força e lei

Mas voltemos à analítica do sublime por um momento, a fim de compreender a estratégia própria à sua recuperação romântica. Pois Rancière sintetiza bem o que deveria ser o ponto de partida para tal discussão:

> do ponto de vista de Kant, a própria ideia de uma arte sublime aparece como contraditória. O sublime não designa, em Kant, os produtos da prática artística. Mesmo quando ele é sentido em face da Catedral de São Pedro, em Roma, ou das pirâmides egípcias, ele simplesmente traduz a inaptidão da imaginação em apreender o monumento como totalidade.[154]

---

[154] RANCIÈRE. *Malaise dans l'esthétique*, p. 120. Ver também NANCY. L'offrande sublime. In: *Une pensée finie*.

O que não poderia ser diferente, já que Kant submete, desde o início de suas reflexões, o sublime à estrutura jurídica da autonomia moral. Essa é sua forma de impedir que a teologia volte pelas portas dos fundos da crítica: fazer do sublime e de seu conflito de faculdades um momento para a determinação da autonomia moral.

Lembremos alguns pontos do encaminhamento kantiano. Lá está a violência contra a imaginação tão própria ao sublime: "Aquilo que é excessivo para a imaginação (o ponto até o qual ela é compelida na apreensão da intuição) é, ao mesmo tempo, um abismo em que ela teme perder-se a si mesma".[155] Para a imaginação e seu esquematismo, o sublime é um abismo, é uma decomposição do fundamento, um *Ab-grund* que decompõe o *Grund*, que assim impede a subsunção do apreendido através de relações de semelhança, de categorização ou participação. É por isso que Kant pode afirmar que o julgamento sobre o sublime assenta-se na disposição humana em acolher o que resiste aos interesses dos sentidos. Da mesma forma como o belo nos prepara para amar algo de maneira desinteressada, o sublime nos prepararia para estimar aquilo que vai contra nosso interesse sensível. Assim, ele apareceria como uma estratégia para a reconstrução das expectativas de emancipação do sujeito em relação ao peso normativo do que seria sentido como as determinações finitas de sua própria natureza. No interior do processo histórico de advento da sociedade dos indivíduos, o sublime podia aparecer como promessa de experiência daquilo que, em nós, não portava a figura do indivíduo e de seus sistemas de interesse. Como se ele apontasse para uma espécie de contraepisteme ao primado da sociedade nascente dos indivíduos.

Isso talvez explique por que Kant deve lembrar que não é o medo o afeto que nos faz considerar a natureza sublime, mas a força [*Kraft*] que nos faz levar a entender como pequeno aquilo que nos preocupa (bens, saúde, vida). Ou seja, o circuito dos afetos próprios ao sublime não é o medo, mas a admiração e a coragem que fazem a imaginação

---

[155] KANT. *Crítica da faculdade do juízo*, p. 155. Kant não teme fornecer a matriz desse excesso em relação à imaginação em uma experiência teológica: "Talvez não haja passagem mais sublime no Código judaico do que o comando: 'Tu não deves fazer nenhuma imagem ou alegoria daquilo que está no céu, nem na terra, nem sob a terra etc.'" (KANT. *Crítica da faculdade do juízo*, p. 171).

confrontar-se com aquilo que está acima da natureza em nós. Daí por que podemos encontrar afirmações de Kant como:

> O que é isso que constitui um objeto da maior admiração até mesmo para um selvagem? Um ser humano que não se apavora, que não sente medo, que, portanto, não foge do perigo, mas que, ao mesmo tempo, se põe a trabalhar com grande reflexão.[156]

Adorno, quando retomar a reflexão sobre a filosofia prática kantiana, reconhecerá que, para além das temáticas coercitivas da lei, com seu cortejo de culpabilidade, obediência, respeito, com suas metáforas jurídicas do tribunal e do julgamento, haveria em Kant a compreensão necessária de que os humanos não podem ser limitados àquilo que são no presente. Pois o giro copernicano kantiano nos levava a compreender como o humano era atravessado por um sistema de forças marcado pela desmedida, sistema que o leva a ser diferente do que atualmente é. No entanto, Kant não deixará de regular tal desmesura do sublime através do recurso à Lei. Em Kant, é a Lei moral que aparecerá como expressão mais bem acabada do sublime, por levar os sujeitos a não se conformarem com suas determinações empíricas.

Nesse sentido, podemos dizer que a constituição da matriz estética da autonomia feita pelos românticos visava liberar paulatinamente o sublime do enquadre jurídico produzido pela sua condução às condições da autonomia moral, dando-lhe a forma de uma *força sem lei*, força que quebra a legislação imanente à forma. Ela aprofunda definições como essas fornecidas por Kant a respeito do gênio como talento para produzir algo para o qual nenhuma regra determinada pode ser fornecida. Como se fosse necessário estabelecer claramente um princípio de oposição entre gênio e espírito de imitação. Como se fosse o caso de depor o medo produzido pelo terror, assumir uma insensibilidade que

---

[156] KANT. *Crítica da faculdade do juízo*, p. 159. Assim, encontraremos em Schiller afirmações como: "sublime de modo prático é, portanto, todo objeto que nos faz notar a nossa impotência enquanto seres naturais, mas que também descobre em nós uma faculdade de resistência de tipo diferente, a qual não afasto o perigo de nossa existência física, mas (o que é infinitamente mais) dissocia a nossa existência física de nossa personalidade" (SCHILLER. *Do sublime ao trágico*, p. 39).

aparece como estratégia para a configuração de outra sensibilidade que ainda não tem mundo.

Isso não deve ser lido em chave compensatória, como se fosse o caso de transpor para o campo estético o que não deve mais ser experimentado em outros setores da vida social. Essa passagem à estética poderá marcar, na verdade, certa forma de dinâmica necessária na economia libidinal das transformações estruturais. Pois se trata de permitir que a experiência estética nos leve a não mais temermos o que provoca nossa morte simbólica, a agirmos e construirmos não mais na distância em relação ao sistema de forças que nos ultrapassa, ao que nos impulsiona a nos des-inscrever dos lugares naturais aos quais fomos limitados. Seria irreal imaginar que tal processo não teria funções maiores no interior da constituição da sensibilidade própria a uma política de transformações. As modificações da percepção, da sensibilidade e dos modos de afecção produzidos pelas obras de arte não se dão em um campo vazio ou em uma corporeidade isolada no mundo. Elas modificam o corpo que interage com o mundo e participa dos regimes sociais de relação. Por outro lado, devemos sempre nos perguntar como dispositivos estéticos se constituem em um campo de ressonância de acontecimentos produzidos por insurreições concretas na esfera sociopolítica. Por que não entender que a experiência estética ressoa mutações estruturais e potenciais do corpo social, entender que sua história está vinculada ao desejo revolucionário de bloquear o mundo que habitamos e que nos mutilou? Mais do que uma transcendência capaz de expressar a dignidade moral dos sujeitos, o sublime será a negação concreta de um mundo social mutilado.

Um sublime capitalista

Tais discussões podem nos indicar a possibilidade de preservação do sublime como categoria crítica, como forma de fornecer à experiência estética um de seus eixos privilegiados de crítica social e de mobilização de dinâmicas de emancipação. Daí essa estratégia, reconhecidamente heterodoxa, de compreender a violência revolucionária como uma das fontes do desenvolvimento romântico do sublime enquanto categoria estética maior. O ímpeto revolucionário de afirmação de nossa condição de suportes de processos históricos configurados como forças que descentram o horizonte de deliberação, ímpeto de afirmação soberana da ruptura violenta com as condições e figuras que nos impõem uma dinâmica de retorno, leva obras de arte a se tornarem o campo de comunicação do incomunicável. Ela retira as obras de arte do horizonte de reprodução material da burguesia em ascensão. Pois há que lembrar que a arte fiel a seu conteúdo de verdade sabe como exprimir a potência de um mundo que se bate contra outro mundo, esse que se constituirá com a consolidação da individualidade burguesa.

Mas essa estratégia precisa acertar contas com afirmações segundo as quais "há algo de sublime na economia capitalista".[157] Ao afirmar isso, Lyotard pensava sobretudo na monumentalidade dos processos de circulação do Capital, na desmedida das dinâmicas de autovalorização do valor que aparecem como uma força insubmissa que descentra os sujeitos a todo momento. Isso poderia nos levar a acreditar que tal reflexão contemporânea sobre o sublime correria o risco de se passar por uma espécie de positivação forçada, em chave metafísica, de um processo social que se autonomizou em relação aos sujeitos. Como se o descentramento produzido pela autonomização do movimento do Capital se transformasse em experiência metafísica, gerando assim não mais que uma "transgressão compensatória dos limites do moderno", para falar como Paulo Arantes.[158]

É fato que não será estranho descobrir como tal desmedida do Capital será objeto de estetização monumental, bastaria levar em conta a mobilização da monumentalidade afirmativa no culto estético à sociedade de serviços em ascensão, à circulação desimpedida de fluxos de valorização do Capital em várias obras contemporâneas. Se quisermos nos servir de um caso exemplar, poderíamos sair do campo musical por um momento e voltar os olhos à fotografia contemporânea, em especial, a um de seus mais conhecidos expoentes: Andreas Gursky.

Gursky é representante da dita Escola de Düsseldorf: grupo de jovens fotógrafos (como Thomas Ruff e Thomas Struth) que se formou em torno do casal Bernd e Hilla Becher. Trata-se certamente de um dos grupos mais relevantes da fotografia do pós-guerra, devido à

---

[157] LYOTARD. L'inhumain: causeries sur le temps, p. 116.

[158] Ver ARANTES. Um departamento francês de ultramar, p. 200 e seguintes.

capacidade que tiveram de constituir novos paradigmas de visibilidade marcados pela anulação de certa gramática da expressividade subjetiva da qual a fotografia sempre pareceu dependente. O trabalho de Bernd e Hilla Becher é exemplar nesse sentido. Fundado exclusivamente na constituição de séries de imagens do aparato industrial da sociedade de produção (silos, caixas d'água, fornos industriais, máquinas de extração de minérios, casas pré-fabricadas de operários), suas fotos em preto e branco compõem grandes tipologias de imagens que parecem não procurar mais a singularidade, o evento fortuito e efêmero, a espontaneidade, a autenticidade. Maneira de criticar o caráter reificado e estereotipado da noção de expressividade que guia a produção fotográfica. Nesse sentido, o ascetismo extremo do trabalho do casal Becher é figura da astúcia de uma subjetividade que prefere se reconhecer no caráter maquínico do aparato industrial a se deixar levar pela falsidade de uma expressão fascinada pelo mito da espontaneidade da vida interior. Como se mimetizar a máquina fosse um modo de mostrar que a subjetividade encontra sua essência lá onde ela procura se confundir com o impessoal, com o que é despersonalizado, isso por querer levar ao extremo a recusa em assumir figuras da expressão que nada mais podem dizer.

De fato, essa procura de uma nova gramática da visualidade foi partilhada por alunos dos Becher, como Gursky e Ruff. Enquanto o segundo começou constituindo séries de retratos com fundos monocromáticos em que os rostos parecem procurar a expressividade de um retrato 3 x 4, o primeiro parecia querer seguir seu professor na tentativa de constituir uma tipologia do aparato de reprodução material da sociedade capitalista. No entanto, de Becher a Gursky, uma mudança fundamental ocorre.

Bernd e Hilla Becher expõem o ocaso da sociedade de produção. Não é por outra razão que suas imagens fazem com que os grandes aparatos industriais apareçam como ruínas marcadas por certo sinal de obsolescência. Como se eles fossem testemunhas de um tempo que porta as marcas do passado. Eles são peças de um progresso que deixou atrás de si ruínas, que transformou o mundo do trabalho em algo de irredutivelmente arruinado. Nada disso é o caso quando voltamos os olhos para as imagens de Andreas Gursky. Se os Becher estetizam o ocaso da sociedade de produção, Gursky é o arauto da passagem do paradigma da produção para o paradigma dos serviços, do consumo e do entretenimento. Os objetos principais de suas fotografias são os grandes conglomerados financeiros (bancos, bolsa de valores) do entretenimento (mega-hotéis, massas à procura de turismo, megashows, *raves*) e do consumo (hipermercados, lojas de consumo de luxo). Não só os objetos mudam, mas muda também a forma de exposição. Enquanto os Becher privilegiam a série com seu poder de quebrar o encantamento através da repetição modular, Gursky prefere as fotos monumentais que nos colocam diante da desmesura fascinante dos aparatos do capitalismo pós-industrial em seu momento de "funcionamento perfeito".

Essa desmesura, esse "poder do espírito que ultrapassa toda medida de sentido", não se dá apenas pelo caráter monumental das fotos, mas também pela insistência em mostrar pessoas sempre em uma escala reduzida em relação aos processos figurados nas imagens. Como se fosse questão de insistir no caráter "absolutamente grande" do universo do Capital, com sua força de impessoalidade e despersonalização. Ou seja, se no início dos anos 1970 Sigmar Polke e Gerhard Richter cunharam o realismo capitalista a fim de indicar esse momento em que os domínios hiperfetichizados da cultura (publicidade, mídias, moda, consumo, quadrinhos) apareciam como matéria inelutável da arte, aparição que produziria questões maiores a respeito do destino da relação crítica entre arte e fetichismo, Gursky parece representar um estágio suplementar do mesmo problema. Estágio no qual o fetichismo das sociedades pós-industriais já não é simplesmente a realidade com a qual a arte deve se defrontar, mas o que parece querer colonizar inclusive nossa ideia de sublime. Mas agora encontramos um sublime que se deixa facilmente formalizar pelas cores de alta definição, pelo ambiente limpo com Photoshop e pelo apelo sensual de uma estética publicitária.

Que o capitalismo mobilize as estratégias da crítica para sua própria autopreservação, eis algo que não deveria nos surpreender. Ele se consolida, entre outros, através de certa colonização libidinal, de certa expropriação pulsional que o faz ser o campo de formas bastante específicas e codificadas de incitação. Não é de hoje que se sabe que as dinâmicas repressivas não dão conta da lógica interna do capitalismo como forma de vida. Mas, se assim for, a desativação de tal colonialismo libidinal exige uma operação de separação, exige saber separar a força produtiva de sua sujeição a relações de produção que visam perpetuar a fascinação fetichista pelo existente, pelo processo produtivo marcial e monopolista. Isso exige também a contraposição entre o sublime e seus fantasmas, entre a expressão de sua força e a reiteração desrecalcada dos processos produtivos mais automatizados e perfeitamente compostos do Capital. Não foi por acaso que já se falou que as máquinas que compõem o inconsciente são as que estão sempre a se desmontar, a funcionar decompondo-se.[159] Elas não têm medida comum com a desmesura do aparato perfeito de repetição que celebra a acumulação sem fricção do Capital. E se, como veremos mais à frente, atualmente, o sublime efetivo procura pela frieza violenta, pela contenção explosiva, pela infinitude inscrita na impercepção, é que talvez estejamos entendendo por que "[o] burguês deseja que a arte seja voluptuosa e a vida ascética, o contrário seria melhor".[160] Mas, antes de chegar a esse ponto, comecemos pelo começo.

---

[159] DELEUZE; GUATTARI. L'anti-Œdipe.

[160] ADORNO. Teoria estética, p. 31.

Capítulo 5
A forma irreconciliada a partir de Beethoven

Eu exijo a restituição ao silêncio.
Stéphane Mallarmé

Decerto, tem razão de achar o mundo detestável,
mas nada faz para torná-lo mais agradável
para si e para os outros.
Goethe, sobre Beethoven

A música de Beethoven suscita o medo, o horror, o terror e a dor, elevando-nos a essa nostalgia infinita [*unendliche Sehnsucht*] que é a própria essência do romantismo. Beethoven é um compositor puramente romântico, e não seria por isso que ele está menos à vontade na música vocal, que não deixa lugar para as emoções indeterminadas [*unbestimmten Sehnens*], por representar tais emoções, que vêm do reino do infinito, apenas através da determinação dos afetos pelas palavras?[161]

Essas são palavras de E. T. A. Hoffmann a respeito da música de Beethoven em um conhecido texto sobre a *Quinta sinfonia*, publicado em 1810. Aqui, Hoffmann apresenta alguns dos traços fundamentais que acompanharão o conceito de sublime durante todo o século XIX. Primeiramente, ele afirma não apenas que Beethoven é puramente romântico, mas também que a música é talvez a única arte puramente romântica, como se devêssemos assumir uma aproximação, cheia de consequências, entre "romântico" e "musical". Beethoven é romântico por ser eminentemente "musical".

---

[161] HOFFMANN. *Kreisleriana*, p. 82. Ver, ainda, DAHLHAUS. E. T. A. Hoffmanns Beethoven-Kritik und die Ästhetik des Erhabenen, p. 79-92.

Seria interessante perguntar-se, no entanto, o que o adjetivo "musical" pode significar nesse contexto. Seguindo as discussões a respeito da noção de música absoluta, podemos dizer que "musical" significa, primeiramente, expressão do que se conserva em certa recusa da representação, daí o desconforto relativo de Beethoven com a música vocal. Nesse sentido, o que é musical desconhece a "determinação dos afetos". Por isso, aquilo provido de qualidades musicais teria a força de provocar em nós uma "nostalgia infinita", por apresentar o que nunca está completamente presente.

Mas o vocábulo "infinito" não está aqui por acaso. Ele é importante por expressar o desconforto dos artistas do começo do século XIX com as convenções formais da linguagem e com a ordem social que elas representavam. Adorno compreendeu isso muito bem, ao afirmar:

> a experiência do idealismo alemão pós-kantiano reagiu contra a obtusidade pequeno-burguesa e a satisfação com a compartimentalização da vida e do conhecimento organizado realizadas no interior da divisão do trabalho [...]. O termo "infinitude" que, à diferença de Kant, fluía facilmente das penas de todos eles, assume sua coloração específica apenas em relação ao que era para eles a privação produzida pelo finito, pelo obstinado interesse e teimosa particularização do conhecimento, no qual o autointeresse se espelha.[162]

Recorrer ao infinito era a maneira romântica de se compreender em um tempo de mutação no qual a ordem social não podia mais aspirar à fundamentação que outrora teve, no qual as normas que forneciam a funcionalidade da forma estética deviam ser sistematicamente questionadas, por parecerem "finitas".[163] Nesse sentido, é interessante lembrar como escritores como Hoffmann diziam que a música era talvez a única arte realmente romântica, por ter por único objeto a expressão do infinito. "Expressar o infinito", nesse caso, significa: expressão do que desarticula nossa capacidade de estabelecer relações de identidade e diferença e que, por isso, nega constantemente as aspirações construtivas da forma.

---

[162] ADORNO. *Três estudos sobre Hegel*, p. 144.

[163] A respeito do vínculo de Beethoven com a Revolução Francesa e com um tempo de mutações sociais, ver sobretudo: ALMEIDA. Liberdade e autonomia: repensando as formas da revolução em Beethoven, p. 13.

O que é "musical" é, pois, indeterminado, em uma indeterminação produtiva, pois animada por relações que se constroem a partir da negação determinada da forma, por isso indeterminação não por deficiência em relação à prosa do conceito (como o antirromântico Hegel defendia), mas por proximidade com a experiência do infinito.

Hoffmann lembra como, para certo ouvinte médio da época, a música de Beethoven não seria desprovida de fantasia. No que ele podia recorrer a uma prosa extensa. Por exemplo, a *Allgemeine Musikalische Zeitung* dirá, em 1799, sobre a *Sonata patética*, com um claro tom irônico:

> A única coisa que a crítica pode dirigir a Beethoven, que bem sabe encontrar por si mesmo e inventar novidades quando quer, não é bem uma crítica, mas apenas o desejo de mais perfeição, a saber, que o tema tem em demasia o ar de uma reminiscência. Mas de quê?[164]

Essa invenção de novidades que parece vir de uma subjetividade desmedida, que traz temas que são reminiscências do que nunca se apresenta, é apenas uma maneira mais polida de falar que estaríamos diante de uma fantasia capaz de subjugar a forma. Como disse um crítico da época, os ouvintes de Beethoven eram "massacrados por uma massa de ideias sobrecarregadas e sem relação umas com as outras, assim como pelo tumulto incessante de todos os instrumentos".[165] Música composta por temas fragmentados por serem, em sua maioria, pequenas ideias musicais de não mais do que quatro compassos, ideias cujas transições são muitas vezes abruptas, cortadas, marcadas por pausas e interrupções. Na verdade, tal como já vimos de forma embrionária em Rameau, Beethoven vai secundarizar a melodia como princípio unificador da forma musical. Como bem descreve Boucourechliev, ela se torna uma dimensão entre outras que não comanda mais hierarquicamente os outros elementos musicais. As linhas de força da forma serão deslocadas para outro espaço, no qual o apoio na dimensão mimética própria à melodia não será decisivo.[166]

---

[164] Nostalgia pelo que ainda não se apresentou será o eixo de uma experiência subjetiva descrita em KIERKEGAARD. *A repetição*.

[165] *Apud* ROSEN. *Le style classique*, p. 497.

[166] Ver BOUCOURECHLIEV. *Beethoven*, p. 40.

Isso talvez nos ajude a entender por que contemporâneos, como Carl von Weber, dirão, em 1805, depois da escuta de uma sinfonia de Beethoven:

> Primeiro, um movimento lento, cheio de ideias curtas que não têm ligação alguma entre si. A cada quarto de hora, três ou quatro notas. Fica-se à espera, depois de um golpe surdo de tímpanos seguido de um misterioso tremolo de violas, tudo isso embelezado por uma porção de pausas. Enfim, quando os ouvintes, depois de uma longa espera, desesperam-se de ouvir o *allegro*, um movimento foribundo se desencadeia no qual o tema principal não está presente. Eu me via tornar-me um grande compositor do gênero novo, ou seja, um louco.[167]

Weber estaria se tornando um louco porque a forma musical, pelas mãos de Beethoven, estava em decomposição aberta. Seus padrões de comunicação eram desmedidos em relação ao horizonte do senso comum estético. Maynard Solomon lembra como, logo após a morte de Beethoven, o escritor austríaco Franz Grillparzer escreverá a respeito da pretensa influência nefasta de Beethoven sobre os compositores da nova geração, com sua "transgressão de 'toda concepção de ordem e unidade musical', sua 'infração frequente às regras' e sua subordinação da beleza ao que é 'poderoso, violento, intoxicador'".[168] Relembrar tais considerações da época serve para contextualizar o que implicou a emergência da forma musical em Beethoven.

Nesse sentido, a importância da crítica musical de Hoffmann consiste em compreender que tal desarticulação dos princípios construtivos da forma, que tal desregulação das normas produzida pela música de Beethoven, não era simples maneirismo, mas modo de trazer para o interior da forma a tensão entre a manifestação do sublime e a regularidade das convenções. Esses que reclamam de Beethoven procuram a unidade através do respeito às regras gramaticais da linguagem musical hegemônica.[169] Mas eles deveriam procurá-la na força unificadora da

---

[167] WEBER. Viagem musical, p. 69 *apud* BOUCOURECHLIEV. *Beethoven*.

[168] SOLOMON. *Late Beethoven: Music, Thought, Imagination*, p. 36.

[169] Por tal razão, Charles Rosen lembrará que: "antes de Beethoven, nenhum compositor tinha tão claramente ignorado o limite de seus intérpretes e de seu auditório" (ROSEN. *Le style classique*, p. 488).

ideia. Força que mostra como há uma síntese que se afirma lá onde as categorias do entendimento só veem contradição inoperante.

Nessa tensão entre manifestação do sublime e regularidade das convenções, a obra não se desagregaria em um mero jogo com o informe porque a música de Beethoven seria capaz de fornecer novos processos construtivos. Note-se, por exemplo, a maneira como o arquifamoso primeiro movimento da *Quinta sinfonia* é organizado. Praticamente todos os motivos são derivados de uma mesma ideia musical, expressa logo nos primeiros compassos com sua figura rítmica suficientemente reduzida, simples e estrutural para não indicar identidade alguma, tonalidade alguma que nos permitiria derivar qual será sua progressão harmônica (embora seja verdade que os compassos seguintes já deixam claro que estamos em dó menor). A ideia musical não é uma melodia ou frase principal, mas uma unidade motívica que se serve, em nível de igualdade, de todas as dimensões do sonoro (ritmo, intensidade, altura, timbre). Essa ideia musical não se desenvolve no sentido forte da palavra, mas se movimenta por contraste, por acumulação e modulação. A rememoração musical da ideia permite, inclusive, que os vazios, os cortes, os choques e as rupturas não comprometam a unidade da forma. É a força produtiva da ideia musical que produz aquilo que Hoffmann chama de uma "articulação interna profunda" [*innere tiefe Zusammenhang*], que é aproximação entre contrários e mediação entre extremos. Ou seja, a ideia musical aqui unifica contrariedades, absorve até mesmo o silêncio, desconstruindo determinações por reconduzir a diferença a uma identidade indiferenciada de base. É dessa desarticulação entre diferença e identidade que viria a expressão do infinito no interior da ideia musical beethoveniana.

Contra a comunidade

Um exemplo privilegiado do procedimento de Beethoven é sua *Abertura Coriolano*, composta na mesma época que a *Quinta sinfonia*. A obra é uma abertura para a versão feita por Heinrich Joseph von Collin de *Coriolano*, originalmente escrita por Shakespeare. A peça de Shakespeare foca o desterro do general e herói romano Coriolano.

Coriolano é a expressão dos ideais aristocratas de honra, bravura, insensibilidade de classe e arrogância. Por isso, sua relação com as demandas populares e com os tribunos sempre foi de completa incompreensão. Ao ser nomeado cônsul romano pelo senado e pedir a aclamação do povo, Coriolano mostra toda a sua inabilidade, conseguindo despertar a ira popular e ser banido de Roma. Ou seja, Coriolano é, acima de tudo, aquele que não sabe como falar com o povo, ele é aquele que nem sequer procura deslocar-se a fim de se colocar em um campo comum. Sua voz está em rota de colisão com o comum. Ele não é Prometeu, que traz a emancipação popular, mas é um protetor que protege apenas para submeter o protegido novamente a um julgo.

Na condição de banido, Coriolano acaba então por se aliar aos antigos inimigos de Roma a fim de marchar sobre a cidade. Às portas de Roma, sitiada e indefesa, ele se prepara para o ataque final, quando sua mãe e sua esposa aparecem, rogando-lhe que abandone seu ódio e não invada a cidade. Tomado de tristeza, Coriolano ouve as mulheres e abandona seus planos, o que o levará à morte pelas mãos dos volscos.

Ao adaptar a peça de Shakespeare, Collin faz duas mudanças principais. Primeiramente, ele atenua o aristocratismo da peça, retirando muitos dos momentos nos quais o desprezo pela pretensa inconstância e irracionalidade da opinião popular é evidente. Mas, principalmente, o Coriolano de Collin se suicida, deixando mais clara sua dimensão de herói trágico. Ele é o homem sem comunidade, sem lugar, cuja certeza de si o exila do contato com os outros humanos. Personagem que representa com clareza a tensão da individualidade moderna nascente com seu colapso de reconhecimento. Ele é a individualidade que vai ao abismo. Homem só capaz de parar diante do objeto de desejo em vias de dissolução. Assim, ao escolher transformar a morte de Coriolano em suicídio, Collin permite a exploração da consciência da experiência moderna da desorientação diante da tentativa de ocupar um lugar marcado pelo desterro.[170]

A composição de Beethoven dá forma à estrutura do conflito já na própria construção da ideia musical. Sem ser a expressão de um dos

---

[170] Ao comentar a peça de Shakespeare, Schiller verá na morte de Coriolano a expressão de uma virtude sublime que se volta contra os princípios de autoconservação do eu. Ver SCHILLER. Über den Grund des Vergnügens an tragischen Gegenständen. In: *Sämtliche Werke*, p. 365-366.

polos, ela é a afirmação do primado do conflito. Pois a ideia musical, exposta logo nos primeiros acordes, é baseada nas modulações possíveis de uma relação de polaridade e conflito entre dois grupos de notas, como vemos nos compassos adiante. Logo nos dois primeiros compassos, vemos a polaridade entre a tônica de dó e a quinta aumentada a partir da construção de um acorde de supertônica com quinta diminuta. De certa forma, a ideia musical é o antagonismo o mais elementar. Antagonismo destinado a não se resolver.

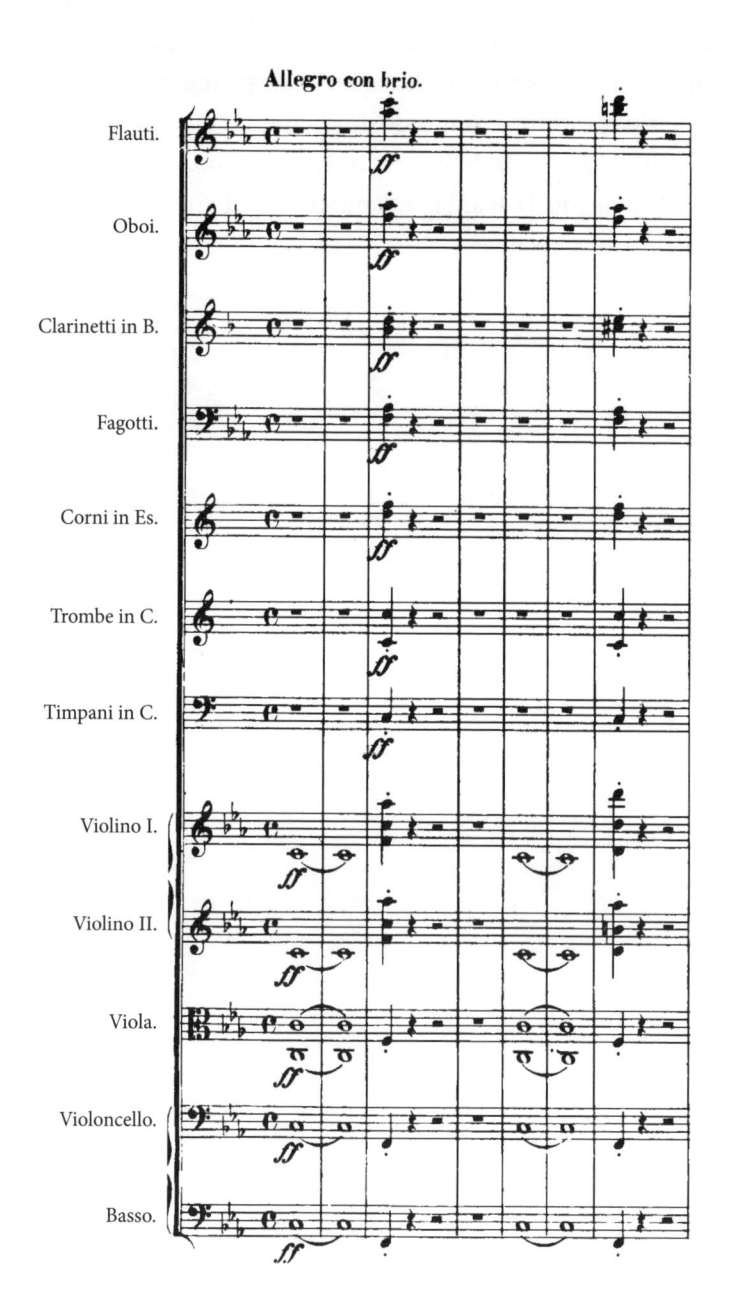

Tal polaridade vai estruturar praticamente toda a música, aparecendo como elemento construtor interno aos motivos. Já o motivo que aparece nos compassos 15 a 19 demonstra claramente um procedimento no qual a polaridade opositiva entre duas notas serve de base construtiva.

Tal polaridade nunca se resolve, mas é simplesmente cortada e suspensa antes de se completar (como no final desse primeiro motivo), ou aumenta por acumulação e intensidade. Ela é o melhor exemplo de como,

> em Beethoven, ideias formais e detalhes melódicos vêm à existência simultaneamente; o motivo singular é relativo ao todo. Ao contrário, no final do século XIX, a ideia melódica funciona como um motivo no sentido literal da palavra, colocando a música em movimento e providenciando a substância de desenvolvimento na qual o tema em si foi elaborado.[171]

Essa permanência extensiva da ideia musical permite integrar acontecimentos que poderiam ser compreendidos como negações radicais da funcionalidade da obra. Um exemplo maior encontra-se na forma como a polaridade dinâmica entre notas se transforma em polaridade conflitual entre motivos e temas. Ou seja, a organização microestrutural é imanente à organização macroestrutural. O que faz a passagem entre os dois níveis é exatamente a noção de conflito. Conflitos microestruturais fornecem o princípio imanente de base para a organização macroestrutural. De fato, a peça toda é atravessada pelo antagonismo entre os motivos, associados a Coriolano e organizados basicamente através de

---

[171] DAHLHAUS. *Between Romanticism and Modernism*, p. 42.

polaridades entre duas notas e um tema melódico sinuoso associado às vozes femininas da mãe e da mulher.

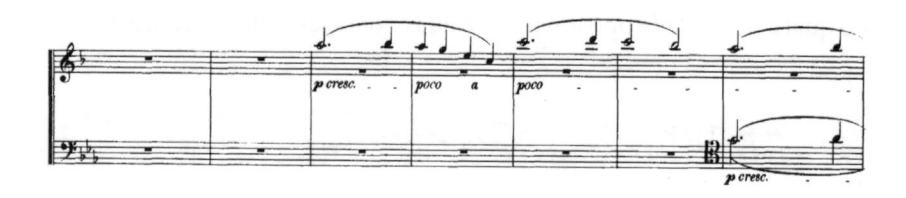

A primeira apresentação desse motivo, pelo primeiro grupo de violinos e pelo grupo de violas, é na tônica de dó menor. A segunda é sob uma modulação para a tônica de si bemol menor. Não por acaso a construção da melodia feminina é baseada em um acorde perfeito de dó maior quando tocada pelos violinos e em um acorde perfeito de si maior quando tocada pelos clarinetes. A ideia de contraposição e distensão é evidente, embora não seja possível dizer que exista aí alguma organização baseada, por exemplo, no esquema antecedente-consequente ou mesmo em algum princípio de transição. Poderíamos pensar em uma relação de contraste, mas tal contraste não segue nenhuma forma de desenvolvimento orgânico. Em certos momentos, ele opera por simples justaposição ou se serve de longas pausas e suspensão da dinâmica para a melodia "feminina" ser reapresentada.

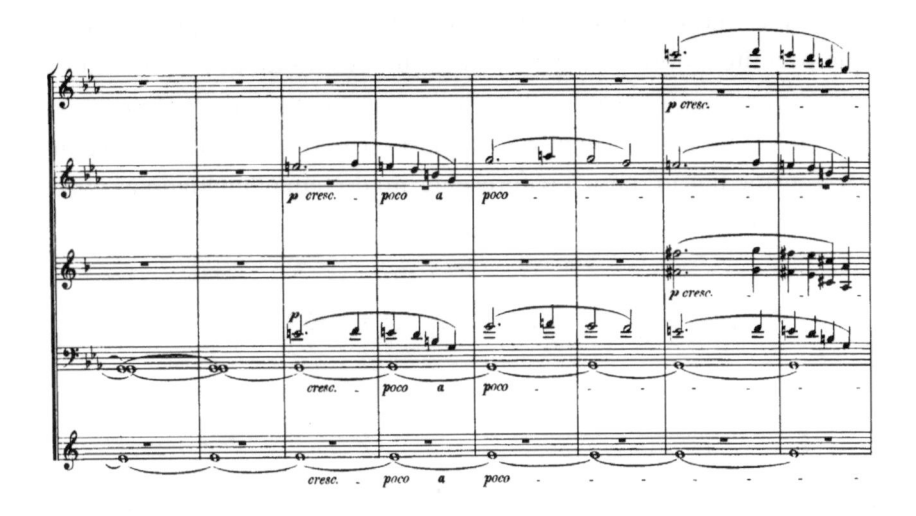

É possível dizer que a peça se move por antíteses, já que os momentos, tomados individualmente, parecem contradizer uns aos outros. Ou seja, tomados isoladamente, cada um dos momentos musicais contradiz o que lhe segue. Esse caráter irresoluto do conflito chega até o final da peça, em que a transposição musical da ideia do suicídio de Coriolano ganha forma de um final sem superação, música que simplesmente dissolve sem cadência conclusiva ou promessa de reconciliação teleológica. Ela não se resolve, ela simplesmente para. Ou seja, a peça não resolve conflito algum, ela o formaliza, e tal formalização já é a definição de um princípio dinâmico integral.

A formalização do conflito é, no entanto, um princípio de síntese que permite à obra postar-se diante até mesmo do que se manifesta como pura suspensão do movimento, como ex-tase. Podemos ver isso nos compassos a seguir, nos quais o caráter abrupto da suspensão é a "mediação" para a reapresentação do tema vinculado às vozes femininas.

Nesse ponto, encontramos uma ideia fundamental. A impossibilidade de resolução do conflito, a contínua luta contra a organicidade não nos leva, como poderíamos inicialmente esperar, a uma forma sem força sintética. Pois a processualidade da ideia já fornece a unidade no nível construtivo. Este é o ponto central: *a contradição entre os momentos, potencializada pela eliminação de processos visíveis de transição, não chega a eliminar a univocidade produzida pela relação de cada momento à ideia.* A ideia tem a força de se refratar em atualizações contraditórias, sem com isso perder sua univocidade. Pois ela desenvolve, ao mesmo tempo, o antagonismo entre a finitude de seus momentos e a univocidade de sua processualidade infinita que absorve a multiplicidade das determinações.

Mas se a ideia musical está, no caso de nossa obra, ao mesmo tempo na voz de Coriolano e na voz das mulheres, se ela está, ao mesmo tempo, no reconhecimento da individualidade expulsa da comunidade e na voz da comunidade que pede para ser poupada, é porque a ideia expressa a inexistência de um solo comum, na efetividade, no qual essas duas vozes poderiam não entrar em contradição. Por isso, ela só pode aparecer como o que constitui os temas e motivos e o que os dissolve em um puro devir que expõe exatamente a fragilidade do enraizamento de todos os momentos. Ela é a própria "transformação que destrói tudo e recria tudo, e de novo destrói tudo". Tanto a comunidade quanto a individualidade são momentos a serem dissolvidos. Em *Abertura Coriolano*, Beethoven mostra de forma clara como a essência do que constitui as vozes já é o que as dissolve como momentos de um devir. Ou seja, "sublime" é aqui um termo que descreve um regime específico de processualidade da forma musical. Especificidade ligada à natureza do tipo de processo que a obra coloca em marcha a partir do recurso a uma ideia musical que instaura sínteses entre momentos musicais antagônicos e que, mesmo em relação, permanecem antagônicos.

De certa forma, essa é uma interpretação que se desdobra da compreensão feita por Theodor Adorno a respeito de Beethoven. Tal compreensão parte da defesa de que a unidade da obra é fornecida pela exploração sistemática do caráter da forma como processo. Tomemos, por exemplo, uma afirmação a respeito da conhecida comparação adorniana entre Beethoven e Hegel:

> A realização de Beethoven encontra-se no fato de que em sua obra – e apenas nela – o todo nunca é externo ao particular, mas apenas emerge de seu movimento, ou melhor, o todo é esse movimento. Em Beethoven

não há medição entre temas, mas, como em Hegel, o todo como puro devir é a mediação concreta.[172]

Essa é a maneira de dizer que, em Beethoven, a ideia musical é o que constrói uma noção de totalidade dinâmica a partir da explicitação da violência interna aos momentos musicais. Ideia que, pela clareza na sua apresentação (e por nunca quebrar algumas estruturas elementares de base, como a polaridade entre tônica e dominante), permite ao ouvinte conservar a percepção da processualidade interna da forma, mesmo a despeito da presença de tudo aquilo que, à época, seria visto como índice de uma forma em desagregação, em flerte contínuo com o informe. Por isso, não há exatamente mediação entre temas, mas um devir contínuo, que nunca para, por parecer ser capaz de se desdobrar em tudo.

Dessa forma, a temática do sublime pode aparecer como modo de compreensão da autonomia das obras em relação às regularidades formais e às convenções de estilo. Ela permite não apenas esclarecer como as obras só se constroem a partir da anulação dos elementos que conformam a linguagem às exigências da comunicação. Ela permite também que as obras de arte sejam os momentos nos quais a linguagem se redimensiona através do deixar aparecer o fundamento do que dissolve as determinações fixas do fundado.

O que é o terror?

Mas, se o caráter sublime da música de Beethoven está, por um lado, nessa sua capacidade de usar a ideia musical como um princípio inicial de indeterminação que produz, ao final, uma ordem mais elevada e englobante, há ainda um segundo ponto a salientar. Como diz Hoffmann, a música de Beethoven produz "medo, terror, horror", embora a princípio não seja claro a que fenômeno musical ele exatamente se refere. Seria ao caráter massivo e descomunal do uso dos recursos musicais? Ou devemos procurar a matriz de produção de tais sentimentos em outro lugar?

---

[172] ADORNO. *Beethoven: Philosophie der Musik*, p. 24.

Voltemos à discussão filosófica sobre o sublime. Lembremos como a característica monstruosa no sublime é, na verdade, a descoberta de algo em nós que é desmedido em relação às medidas da individualidade, algo em nós que não porta a imagem do indivíduo. Uma descoberta que só se dá através do prazer de contemplar o que pode destruir nossa existência sensível ou que pode esmagar nossa dimensão finita e humana. Há sempre algo de profundamente inumano no sublime, e, se a inflexão romântica do conceito aparece exatamente no momento em que as sociedades ocidentais começam a se constituir como "sociedades dos indivíduos", é porque a arte procura guardar uma inumanidade que tais sociedades só verão com os olhos de uma "nostalgia infinita", pois foi aquilo recalcado para que certa figura do humano pudesse se impor em sua dimensão normativa.

Nesse contexto, procuramos algo, na música de Beethoven, desmedido e monstruoso em relação às medidas da individualidade. Poderíamos apelar para o excesso como manifestação da desmesura, ou seja, para a maneira como algumas de suas obras são monumentais, excessivamente longas para os padrões da época, mobilizando largos recursos musicais, ou subvertendo radicalmente os padrões da forma sonata, como a *Terceira sinfonia*.[173] Mas podemos também procurar a desmesura na experiência da subtração. Uma subtração que, à sua maneira, lembra-nos da presença monstruosa do que nos silencia e do que anula nossa individualidade. Esse talvez seja o sentido da noção de "estilo tardio", empregada por Adorno para falar das últimas obras de Beethoven.

Seria possível inicialmente imaginar que o interesse de Adorno pelo "estilo tardio" viria de sua procura em entender experiências estéticas que

---

[173] Eduardo Socha desenvolve, com precisão, a "suspensão dialética do tempo" presente no primeiro movimento da *Terceira sinfonia* e sua maneira de quebrar as estruturas regulares da forma sonata através da introdução de temas (com a introdução de um novo tema no desenvolvimento) que apenas *a posteriori* mostram como algo descomunal aconteceu sem que isso fosse inicialmente percebido. A processualidade contínua que tal reversibilidade temporal pressupõe faz a duração contrair-se no instante. Ver SOCHA. O novo tema da *Eroica* de Beethoven e o sublime em Adorno. O artigo ainda tem a clareza de indicar como tal concepção de temporalidade articula-se necessariamente com certa noção benjaminiana de ato revolucionário. A propósito da relação entre forma e desenvolvimento em Beethoven, ver também SOCHA. *Tempo musical em Theodor W. Adorno.*

parecem culminar nas últimas obras. Mas "culminar" não significa aqui a realização mais bem-acabada e harmônica de um projeto maturado. Como bem lembra o crítico literário Edward Said:

> O poder do estilo tardio de Beethoven é negativo, ou melhor, *é a própria negatividade*: lá onde poderíamos esperar serenidade e maturidade, encontramos, ao contrário, uma mudança áspera, difícil, inflexível e, às vezes, inumana.[174]

Essa é uma maneira de afirmar que o caráter tardio de uma obra expõe, na verdade, sua capacidade de ser o regime de tensão contínua entre forma e expressão. Dizer que o poder do estilo tardio de Beethoven é negativo significa afirmar que a tensão interna explícita nas obras a partir de 1803 será potencializada pelo próprio desenvolvimento da linguagem musical do compositor.[175]

Muitas vezes, a peculiaridade de sua última fase foi colocada na conta de motivos psicológicos, como a extrema surdez e certo desespero daí advindo. No entanto, Adorno insiste que há uma razão interna ao desenvolvimento da linguagem musical. Isso nos permite dizer que a noção de estilo tardio não será apenas a descrição de uma fase da experiência artística de Beethoven, mas também uma chave de compreensão de obras de compositores variados, como Schönberg, Strauss, entre outros. Said chegará a afirmar, e nisto ele não está completamente errado, que o conceito de estilo tardio é o conceito central da estética adorniana. Na verdade, ele seria a descrição da própria experiência da obra de arte em seu ponto de máxima tensão, pois exposição da profunda instabilidade

---

[174] SAID. *On Late Style: Music and Literature Against the Grain*, p. 12. Ver também SUBOTNIK. Adorno's Diagnosis of Beethoven's Late Style: Early Symptom of a Fatal Condition, p. 261.

[175] As obras de Beethoven até 1803 indicam certo pertencimento ao estilo clássico. Nesse sentido, a *Terceira sinfonia* representa uma importante ruptura formal em direção ao estilo romântico, com modificação estrutural na relação entre expressão e construção. Conhecemos a divisão tradicional das obras de Beethoven em três fases (ver, por exemplo, LENZ. *Beethoven et ses trois styles*), mas gostaria de salientar uma forma mais produtiva de abordar a dinâmica interna de seu conjunto de obras através da insistência no caráter decisivo da passagem do classicismo ao romantismo (algo mais próximo de DAHLHAUS. *Ludwig van Beethoven: Approaches to His Music*).

formal, do acordo frágil e contraditório entre planos construtivos e demandas expressivas que não se colocam mais sob as formas do que entendíamos por "expressão".

Sobre as obras tardias de Beethoven, Adorno afirma, por exemplo, que elas carecem de equilíbrio. Os silêncios são cada vez maiores, as quebras muitas vezes se dão no meio das frases musicais, os contrastes parecem simplesmente justapostos. Assim, encontramos o abandono do que parecia garantir à forma sua organicidade. Vemos também o uso de convenções que aparecem de maneira explícita. Como se estivéssemos diante de uma espécie de "indiferença à aparência" que permite ao compositor usar fórmulas e fraseados deliberadamente convencionais e apresentá-los como tais. Estamos assim diante de um uso da convenção que não consegue mais garantir a aparência de organicidade.

Notemos que, se o poder de sua música é negativo e por vezes inumano, não é devido à exposição grandiosa dos materiais, mas à força de subtração que nega a "humanidade" da expressão. Levando em conta seu estilo tardio, podemos dizer que Beethoven nos mostra como as obras sublimes parecem transformar a subtração em consciência aguda da atrofia da linguagem. No entanto, gostaria de mostrar como tal ideia de estilo tardio traz, no seu bojo, possibilidades de compreensão de processualidades da forma musical que nos fornecem a genealogia de estratégias composicionais mais próximas de nós.

Poi a poi di nuovo vivente

Entre vários exemplos possíveis de estilo tardio, poderíamos analisar o *adagio* da *Sonata para piano opus 110, n. 31*, com sua articulação entre um *arioso* e uma fuga.[176] Vários elementos nessa peça surpreendem o ouvinte de Beethoven. Em primeiro lugar, contrariamente à *Abertura Coriolano* e à *Quinta sinfonia*, a ideia musical não é claramente apresentada. Na verdade, os sete primeiros compassos introdutórios são alguns dos mais evidentes momentos de indeterminação musical na produção do romantismo.

---

[176] Uma das melhores análises da peça encontra-se em UHDE. *Beethovens 32 Klaviersonaten*, p. 943-990.

A tonalidade é oscilante, sete compassos nos quais a música oscila entre, ao menos, si bemol menor, sol bemol maior, mi maior e dó bemol menor. Beethoven explora nesses compassos a qualidade inerente do recitativo, que, como bem lembra Schenker, "devido a constante mudança de armadura permite e exige armaduras neutras".[177] O mesmo vale para o andamento, que varia no interior de um mesmo compasso, haja vista o compasso 4 (de *più adagio* a *andante*) e o compasso 7 (de *meno*

---

[177] SCHENKER. *Piano Sonata in A ♭ Major op. 110: Beethoven's Last Piano Sonatas*, p. 80.

adagio a *adagio*). Esses sistemas de oscilação expressam o espírito de uma música em suspensão, que desenha um motivo para terminar abruptamente em um *arpeggio*, que suspende o desenvolvimento para insistir de maneira obsessiva na pura repetição da mesma nota por quase dois compassos (compassos 5 e 6). Repetição que deve contraditoriamente conjugar um *crescendo* e sua indicação de *tutte le corde* com uma troca de dedilhado na qual o quarto dedo dá lugar ao terceiro em *legato* na mesma nota, como se fosse o caso de retirar as condições físicas ideais para o controle do *crescendo*. Com tal troca de dedilhado, dificilmente um pianista consegue tocar essa passagem sem integrar uma espécie de parada na continuidade do *crescendo*, criando uma gestualidade de insistência e tropeço (pois a tendência em quebrar o *legato* devido à troca do dedilhado na aceleração das fusas é enorme) que tem uma função da economia expressiva da obra.

Quando a música de fato começar com um *arioso dolente* (compasso 10), ela ainda não estará na tonalidade que a caracteriza (lá bemol maior). A estabilização da tonalidade só virá quando uma fuga enfim aparecer (compasso 28). A introdução do *adagio* funciona como o anúncio da monstruosidade de uma expressão sem gramática, que parece ter renunciado ao seu lugar como motor dinâmico da ideia musical, quebrando aparentemente a unidade que constitui a própria especificidade da experiência musical de Beethoven. A posição da expressão nessa situação levará a música a um movimento de profunda cisão, um pouco como vimos no antagonismo presente na dinâmica da *Abertura Coriolano*. No entanto, aqui a cisão se desenvolverá de outra forma. Com a retração da ideia musical, a obra se construirá através da radicalização do princípio de mediação pelos extremos, no qual a tendência à fragmentação é controlada não por uma síntese final, mas, como veremos, pela alteração interna das formas.

A sonata se desdobrará através de uma justaposição entre duas formas: o *arioso* e a fuga. O *arioso*, com seu espírito entre a ária e o *recitativo accompagnato*, apresenta um extenso tema melancólico, em um tempo diferente do tempo da introdução (passamos do 4/4 para o 12/16). Suas linhas melódicas majoritariamente descendentes constroem-se a partir de uma mímesis do desfalecimento.

O *arioso* é acompanhado por uma fuga, em outro tempo (6/8) e tonalidade. Não há transição entre os dois materiais, um não é a introdução do outro, pois tudo que poderia funcionar como transição foi subtraído. Sai-se do *adagio* do *arioso* ao *allegro* da fuga de forma inesperada, embora os compassos 15 e 16 adiantem o tema da fuga. Tal caráter inesperado não poderia ser diferente, já que estamos na posição de extremos: a natureza profundamente monofônica do canto meio falado do *arioso* e a polifonia da fuga.

O uso da fuga guarda, por sua vez, as marcas de uma forma gasta em relação ao estágio do material musical de então. Compor uma fuga em 1822 era revisitar um modo de composição envelhecido, com suas regras de contraponto e transposição que andavam na contramão da clareza harmônica e de certa liberdade expressiva defendida pelo romantismo. Seria aparentemente a última coisa a fazer para quem procura afirmar uma "subjetividade desmesurada". Lembremos que já a estrutura geral do movimento (recitativo-*arioso*-fuga) é a mesma que podemos encontrar em várias tocatas de Bach. No interior da sonata, a fuga não deve ser analisada como uma forma própria, mas como momento de "fluxo processual" [*Prozessablauf*], como dirá Uhde.[178] Isso significa, entre outras coisas, que ela está como momento de um processo que, esse sim, deve ser explicitado como horizonte de sentido da forma.

Levar isso em conta pode nos explicar por que, à sua maneira, o eixo do segundo movimento do *adagio* se encontra no movimento de dar vida ao que parecia mera forma convencional. Isso fica claro na passagem da segunda exposição do *arioso* à segunda exposição da fuga e ao final da sonata. Ao voltar ao *arioso* de forma completamente abrupta, parando uma frase ao meio, Beethoven escreve na partitura "*perdendo le forze, dolente*". Deve-se tocar o piano com o horror dos que sentem a força indo embora. Ou seja, deve-se encontrar uma expressão que se esvanece, cuja intensidade vai do *piano* ao *pianíssimo*, como quem faz do lamento recitado do *arioso* uma procura pelo grau zero.

Notemos, no entanto, como nada disso implica suspensão efetiva da processualidade da peça. Como dirá Adorno, as últimas obras ainda permanecem um processo, embora ele não possa ser compreendido como desenvolvimento. Se não temos aqui exatamente a processualidade como movimento de reordenação de antagonismos através do desvelamento progressivo da força construtiva da ideia musical, como vimos na *Abertura Coriolano*, temos outra forma, baseada na posição

---

[178] Ver UHDE. *Beethovens 32 Klaviersonaten*, p. 978.

de desfalecimentos e decomposições de movimento no interior das obras e sua transformação em motor de impulso para o processo de reconfiguração de formas convencionais. No caso da *Sonata opus 110*, podemos encontrar um exemplo de transformação no retorno final à fuga.

Ao terminar a melodia do *arioso*, Beethoven apresenta uma sequência de 13 acordes em ampliação de intensidade que tem como função mimetizar um movimento de emergência.

O que nos explica por que a volta da fuga é exposta na partitura com a indicação *"poi a poi di nuovo vivente"*.

É no interior da segunda exposição da fuga que, pouco a pouco, a vida retornará. A respeito dessa sequência massiva de acordes em progressão, dirá Rosen: "Beethoven não apenas simboliza ou representa o retorno da vida, mas também nos persuade fisicamente do processo".[179] Sua análise ainda acerta ao lembrar que a reexposição da fuga é feita utilizando-se as regras mais elementares: a inversão do tema da fuga, a aumentação e a diminuição. Ou seja, a vida que retorna pouco a pouco se serve das normas aparentemente ultrapassadas para, sempre pouco a pouco, mostrar como alterá-las. Nesse processo, a sonata produz sua realização mais surpreendente. Beethoven conserva o tema da fuga e suas transposições entre a mão esquerda e direita, mas agora sem se servir do contraponto, usando acompanhamentos completamente estranhos à linguagem barroca, acompanhamentos da linguagem musical de seu tempo. Mas, como tudo deve ser feito *"poi a poi"* (há três indicações na ultima parte da partitura), como não deve haver quebra na mutação das formas, elas agora se alteram em continuidade. E nessa *alteração em continuidade* torna-se possível a realização da integração entre dois tempos históricos distintos do material musical. Assim, a fuga ainda permanece, mas sem ser mais fuga. Ela ainda pode ser identificável, mesmo que não haja mais o que identificar, principalmente a partir do compasso 173, quando a estrutura polifônica se torna monofonia.

---

[179] ROSEN. *Beethoven's Piano Sonatas*, p. 240.

A vida, que pouco a pouco retorna, encontra o caminho de produzir novas formas, quebrando a descontinuidade do tempo ao ser expressão do que já não está mais no tempo linear. Tempo cuja manifestação não seria possível sem o descolamento radical em relação à gramática da linguagem musical permitida pela posição, desde os primeiros compassos, da potência do indeterminado.

Uma estética da inumanidade

Como vimos no início deste módulo, a discussão sobre o sublime voltará a partir do horizonte do pós-guerra. A irreconciliação expressa pelo sublime será vista, por artistas e filósofos, como estratégia importante para a compreensão das dinâmicas próprias à experiência estética à altura dos desafios de nosso tempo. Nesse retorno ao sublime, haverá uma aposta política bem expressa em colocações como estas, que podemos encontrar na *Teoria estética*, de Adorno:

> No mundo administrado, a forma adequada na qual as obras de arte são recebidas é a comunicação do incomunicável, a ruptura com a consciência reificada. As obras nas quais a forma estética se transcende sob a pressão do conteúdo de verdade ocupam a posição que uma vez o conceito de sublime sustentou. Nelas, espírito e material se distanciam um do outro no esforço de se tornarem unos. O espírito se experimenta como o que não se representa sensivelmente [*als sinnlich nicht Darstellbares*] e seu material, ao qual está ligado para além de seu confinamento, experimenta-se como inconciliável com a unidade das obras.[180]

Colocações como essas conseguem sintetizar alguns problemas fundamentais para a reflexão sobre o lugar contemporâneo da experiência estética. Pois há que partir das condições postas por uma sociedade caracterizada por ser "administrada", ou seja, organizada para a reprodução de disposições disciplinares em operação não apenas em suas estruturas institucionais, mas também em suas práticas culturais, em seus modos de entretenimento e de distinção. A administração, com sua produção de consciências reificadas, objetivadas pela generalização dos

---

[180] ADORNO. *Teoria estética*, p. 292.

modos de determinação da forma-mercadoria, da forma-empresa, da forma-empreendimento, desdobra-se no campo do que se convencionou chamar "cultura" ou mesmo "arte". São "resistências" que se organizam a partir das mesmas formas de visibilidade, de existência e de afirmação, da mesma estrutura gramatical que os modos de objetos produzidos como reiteração dos dispositivos hegemônicos de existência. São "diferenças" produzidas a partir da reiteração gramatical do existente. Por isso, a única forma possível para a experiência estética será a comunicação do incomunicável. Essa contradição posta se declina através da expressão do inconciliável, algo que, longe de ser uma aporia estilizada, é uma decisão política. A força de transcendência das obras de arte não é resultado do peso do ideal, mas da recusa à síntese e à presença prometida pelas possibilidades de existência da sociedade atual. Essa transcendência como recusa permite aos materiais criticarem as aspirações unitárias que apenas falsificam uma unidade que não é dada na vida social, que só é dada como violência e silenciamento.

Ou seja, o recurso contemporâneo ao sublime está aqui vinculado à necessidade de a arte não ocultar as contradições fundamentais que impedem a reconciliação social. Tais contradições não devem ser postas tendo em vista uma superação, mas tendo em vista a constituição de uma língua na qual "a reconciliação não é o resultado de conflitos; mas simplesmente o resultado de que uma linguagem foi encontrada".[181] Assim, a contradição é sustentada através de uma língua que dá forma às marcas do irreconciliável. A disparidade que pulsa na irreconciliação fornece a base de uma experiência estética que se afirma através da sua recusa em procurar acordos. Não cabe à arte reconciliar o que deve permanecer irreconciliado. Por isso, se nos perguntarmos sobre como deve ser tal língua, talvez possamos dizer que ela será, necessariamente, inumana e silenciosa.

Através do sublime, Adorno pode afirmar que a arte traz uma humanidade incompatível com a "ideologia do serviço aos homens". Ou seja, ela só é fiel aos homens através de sua inumanidade contra eles [*"Treuen hält sie den Menschen allein durch Inhumanität gegen sie"*]. *"Par pitié, soyez inhumain"*, poderíamos dizer mais uma vez. Essa é, na

---

[181] ADORNO. *Teoria estética*, p. 294.

verdade, uma consequência necessária de leitura política da monstruo-sidade própria ao terror sublime. Ou seja, a recuperação do sublime visa afirmar que a arte fiel a seu conteúdo de verdade permite ao sujeito ir além da figura atual do homem, isso através da posição de uma inuma-nidade para com este.

Nesse ponto, podemos compreender um desenvolvimento funda-mental na recuperação adorniana do conceito de sublime. Contrariamente ao conceito romântico, fundado na experiência da dominação e superação da natureza, Adorno fala em certo "retorno da natureza" permitido pelas obras sublimes: "Tal emancipação [produzida pelo conceito de sublime] seria o retorno da natureza [*Rückkehr von Natur*], e ela, imagem oposta à simples existência, é o sublime".[182] Vimos como o uso romântico do sublime estava impregnado da crença na grandeza do homem enquanto dominador da natureza. Se é verdade que, através da contemplação em segurança da força descomunal da natureza, descubro, ao mesmo tem-po, a precariedade de minha individualidade empírica e a dignidade de minha destinação maior como ser racional, é porque posso assim reduzir a natureza a algo cuja força existe para ser dominada e sobrepujada. Daí o caráter grandioso das obras sublimes. Elas parecem contar a história do homem que sobrepuja as forças naturais.

Mas a recuperação adorniana parte da defesa de um sublime que teria perdido sua grandiloquência dominadora, já que tal grandiloquên-cia soaria atualmente como despropositada, ou talvez ela só fosse possível como uma grandiloquência arruinada, como conhecemos graças, por exemplo, à obra de Anselm Kiefer. Haveria uma discussão necessária a ser posta aqui a respeito dos modelos de uso da monumentalidade na arte contemporânea e suas consequências políticas.

Webern e o sublime por atrofia

Esse peculiar "sublime não grandioso", ou, se quisermos, um "su-blime por atrofia", é o que, no fundo, orienta o pensamento de Adorno. Ele aparece, de certa forma, em um texto seu sobre Anton Webern, no qual Adorno afirma que a lei formal da música de Webern é a atrofia

---

[182] ADORNO. *Teoria estética*, p. 293.

[*Schrumpfens*]. Uma atrofia que parece ir em direção à recuperação de um trabalho musical que abandona o tempo musical como grandeza extensiva e que, ao levar à frente tal abandono, deixa para trás a natureza arquitetônica da ideia tradicional de forma. Adorno parte da atrofia característica das peças de Webern. Como sabemos, todas as suas composições somadas não dão mais que três horas de duração. Isso lhe permite insistir que, em Webern, a intensificação da expressão coincide com a interdição da extensão temporal.[183] Dessa forma, Webern serve para Adorno afirmar que, no momento histórico que é o nosso, *não há lirismo possível que não passe pela atrofia*. A codificação fetichista do lirismo, sua redução a momento convencional, exige a capitulação das imagens líricas através da atrofia da expressão. Essa atrofia é a forma da recuperação do que não é projeção do sujeito na relação ao material musical, o que lhe permite afirmar:

> O som puro para o qual, como suporte de sua expressão [*Ausdrucksträger*], o sujeito tende é liberado da violência que a subjetividade inflige ao material sonoro ao lhe dar forma. O sujeito, fazendo-se som, sem mediação alguma da linguagem musical, permite à música fornecer o som da natureza, e não mais da subjetividade.[184]

As colocações de Adorno são fortes o suficiente para chamar a atenção. Ele criticará Cage por procurar recuperar dimensões de uma sonoridade pura, desprovida de mediações. Mas aqui os sinais parecem se inverter. Ele admite que uma expressão desprovida de mediação da linguagem, ou cuja verdadeira mediação é a própria atrofia da linguagem, remete-nos a alguma forma de imanência reinstaurada. Modo peculiar

---

[183] Essa atrofia do tempo musical produz a transformação não apenas da forma, mas também da audição. Ela coloca a audição musical no limite do perceptível, como bem salientou Pierre Boulez, ao afirmar, sobre a música de Webern: "A relação psicológica com o público não se pode estabelecer em um espaço amplo, se não se dispõe de margem de tempo e de ouvido suficientes; do contrário, o contato nem bem é estabelecido e já se rompe, e, a cada peça, deve-se recomeçar o esforço de recriar um 'circuito de audição'. Daí resulta, para o intérprete, a impressão penosa de que não 'prende': não tem possibilidade, quase material, de absorver a atenção do público; porque uma outra dificuldade dessas obras é saber ouvi-las" (BOULEZ. *Apontamentos de aprendiz*, p. 327).

[184] ADORNO. *Klangfiguren: Musikalische Schriften I*, p. 160.

de mediação que permite ao sujeito liberar-se de uma subjetividade que operaria construindo organizações que são modos de dominação, liberar-se de sua própria imagem, fornecendo as condições para um "retorno da natureza" como processo orgânico. É isso que Adorno vê nas primeiras peças de Webern, o que não o impede de fazer fortes críticas ao desenvolvimento de sua linguagem devido ao pretenso uso fetichizado da série dodecafônica, haja vista sua análise crítica das *Variações para piano, opus 27*.[185] Tentemos entender melhor, então, o que Adorno tem em mente, qual a especificidade dessa imanência.

György Ligeti afirmou, em artigo sobre Webern, que o compositor austríaco conseguira isolar, de sua rede de relações tradicionais, gestos e configurações musicais do romantismo. Assim, a forma advém estática, pois não pode mais contar com suportes formais de desenvolvimento do trabalho temático-motívico. Por isso:

> à redução da expressão e da gestualidade a algumas células motívicas muito concentradas, acrescenta-se a impossibilidade de todo trabalho e de todo desenvolvimento temático – o que por sinal está de acordo com o estatismo da forma.[186]

Nesse gesto de redução, a rede entre elementos musicais ganha a forma da justaposição.

No entanto, essas peças concentradas não são desprovidas de todo princípio de construção. Elas são, na verdade, a redução do princípio de construção à enunciação de um gesto musical com grande força plástica, como se algo próprio à gestualidade corporal virasse, agora, fundamento produtivo da forma. Na verdade, a ideia musical responsável pela produção da forma é imediatamente decalcada da gestualidade. Assim, a peça é, de certa forma, a ampliação da estrutura produtiva de um gesto instantâneo. Gesto que normalmente passaria de forma imperceptível. Gesto que só pode ser ouvido e liberado porque o tempo entrou em silêncio. A peça recupera assim uma corporeidade soterrada

---

[185] Sobre o problema do fetichismo da série em Webern, tomo a liberdade de remeter a SAFATLE. Fetichismo e mímesis na filosofia adorniana da música.

[186] LIGETI. *Neuf essais sur la musique*, p. 40.

e a transforma em princípio construtivo. A experiência estética aparece aqui como forma de recuperação de uma corporeidade redimida das feridas produzidas pelo mundo administrado.

Vejamos, por exemplo, algumas características das *Seis bagatelles para quarteto de cordas, opus 9*. Composta em 1913, ou seja, antes da fase dodecafônica, a peça se serve de um gênero menor. Uma *bagatelle* é normalmente uma música curta e despretensiosa, escrita em estilo leve. Como se a leveza da escrita musical fosse proporcional à capacidade que ela tem de se deixar construir pela gestualidade que ela expressa.

Podemos usar como exemplo a *Quinta bagatelle*. Sua construção parte de uma técnica cromática com preponderância de segundas menores.[187] Já nos dois primeiros compassos encontramos a apresentação de uma densa rede cromática composta por dó, dó sustenido, ré sustenido e mi, no primeiro compasso, que será completada pelo ré do segundo compasso. Aos poucos essa relação de segundas menores aumenta, seja para o alto, seja para baixo; até o sétimo compasso. Mas essa ampliação do campo harmônico não é homogênea, como se seguisse uma regra. Ela é orgânica, por isso assimétrica e relativamente livre. Por exemplo, a simetria de ampliação entre os campos harmônicos agudo e grave é quebrada ao final do sétimo compasso. Para o alto, o campo amplia um grau a mais do que para baixo.

Devemos falar em "estruturas desenvolvidas mais ou menos livremente" porque, aqui, como dirá Ligeti, ordem e liberdade parecem procurar um ponto de equilíbrio. No entanto, a partir do sétimo compasso, o gesto de ampliação continua, mas deixa de operar de maneira cromática por intervalos de segunda menor. Como se o princípio gestual de construção se liberasse até o ponto de tensão máxima da forma.[188]

---

[187] "O germe [da forma musical] é reduzido ao mínimo – não se trata mais de um tema ou de um motivo, mas de um simples intervalo, o meio-tom, o menor intervalo possível no sistema temperado" (OLIVE; OVIEDO. *Prose musicale et geste instrumental*: les *Six Bagatelles pour quatuor à cordes op. 9 d'Anton Webern*, p. 154).

[188] Exemplar nesse sentido é o violoncelo no compasso 9 que concentra dois modos opostos de gesto: o *pizzicato* e o arco, criando um único som com três gestos: o *pizzicato* do ataque, o *glissando* do desenvolvimento e a realização do dó sustenido final pelo arco. Sobre esse aspecto e outros da gestualidade da peça, ver ainda OLIVE; OVIEDO. *Prose musicale et geste instrumental*.

V

Nesse movimento, ela deixa de ser cromática, mas guarda da antiga figura seu princípio fundamental de movimento. Assim:

> Estamos diante de um processo orgânico: a forma não é nem construída esquematicamente nem livre de toda e qualquer restrição. Ela nasce, como tudo o que é vivente, do crescimento e da restrição, ampliando-se posteriormente até que enfim o campo harmônico cromático se rasga.[189]

Dessa maneira, a peça traz a visibilidade da força produtiva de um gesto que pode ser lido como "retorno da natureza" na obra. Isso faz com que o tempo atrofiado da obra não seja um tempo imóvel. Pois ele não é a imobilidade da repetição que procura a ex-tase. Ele é a contração do tempo que observa uma gestualidade em seu ponto de explosão. Essa contração abole a categoria de acontecimento para extrair o som das camadas do silêncio e do inaudível, de que se segue o claro uso de intensidades no limite da percepção (como as várias sequências em *pianíssimo*). Uma atrofia em direção ao limiar da duração e da percepção.

Através dessas discussões sobre a atrofia da linguagem musical, com seus procedimentos que garantiriam o desenvolvimento do tempo, assim como a expressão do que mostra sua irredutibilidade em relação à codificação fetichista dos afetos, é possível radicalizar os princípios de análise desenvolvidos por Adorno para falar do estilo tardio de Beethoven. Como se uma mesma experiência do sublime atravessasse obras tão díspares entre si. O que não poderia ser diferente, já que estamos, na verdade, diante dos desdobramentos de uma mesma problemática que perpassa momentos históricos distintos. A sociedade que não realizou historicamente suas aspirações de reconciliação conhecerá, em momentos diferentes de sua história, o retorno da forma estética irreconciliada.

---

[189] LIGETI. *Neuf essais sur la musique*, p. 48.

III
EXPRESSÃO

Capítulo 6
A recusa da comunicação

– Nossa arte, a mais violenta de todas.
O sobrinho de Rameau (sobre a música)

Assenhorar-se do caos que se é;
forçar o seu caos a tornar-se forma.
Nietzsche (que também era músico)

As obras de arte não se dão mais por objetivo formar realidades imaginárias ou utópicas, mas constituem modos de existência ou modelos de ação no interior do real existente, não importa qual seja a escala escolhida pelo artista.[190]

Essa afirmação de Nicolas Bourriaud já apareceu em capítulos anteriores, mas eu gostaria de retomá-la. Pois ela tem também, à sua maneira, certa filosofia da história em suas entrelinhas. Segundo tal perspectiva, para além de uma época na qual a arte aspirava a ser o veículo de transformações globais nos modos de determinação da existência, viveríamos atualmente em uma era de expectativas mais limitadas, mas nem por isso menos relevantes. Na verdade, estaríamos diante, entre outros, de "uma forma de arte a respeito da qual a intersubjetividade forma o substrato e que toma por tema central o estar-junto, o 'encontro' entre o observador e o quadro, a elaboração coletiva do sentido".[191] Depois de uma longa era de descaminhos, enfim teríamos chegado à era do encontro.

Esse diagnóstico de época se apoiaria principalmente na proliferação de obras que procurariam produzir experiências através do convite

---

[190] BOURRIAUD. *Esthétique relationnelle*, p. 11.

[191] BOURRIAUD. *Esthétique relationnelle*, p. 13.

às ações comuns, à constituição de relações com "sociabilidades específicas", sejam elas reuniões, manifestações, atos de comer junto, de criar modos de circulação de objetos e produções que ocorrem normalmente em museus ou galerias de arte. Sociabilidades pretensamente capazes de produzir curtos-circuitos nos modos reificados de presença social, estabelecendo encontros que seriam acontecimentos locais a nos lembrar como outros modos de existência seriam possíveis. Ou seja, a obra de arte apareceria aqui principalmente como lugar de um tipo específico de reconhecimento que permitiria a reconstrução de potencialidades intersubjetivas soterradas pela vida social.

O apelo a uma intersubjetividade não colonizada pelas formas de reprodução material reificadas, que seria capaz, por exemplo, de instaurar uma "comunicação" integral distinta dessa submetida ao tempo e espaço do universo midiático, pode se passar, para alguns, por uma nova forma de articular arte e política. Para além do caráter prometeico do artista pretensamente capaz de aproximar mundos por vir (e que acabaria, ao menos segundo essa narrativa, por involuntariamente produzir catástrofes históricas em sequência), teríamos um deslocamento em direção à exploração de espaços transitórios de sociabilidade renovada, zonas autônomas temporárias, se quiserem. Daí a insistência em falar da essência da prática artística como: "a invenção de relações entre sujeitos" na qual "cada obra de arte particular seria a proposição de habitar um mundo em comum".[192] Nesse novo espaço de relações, as obras de arte captariam nossos olhares (e, bem, nenhuma metáfora é inocente) "como o recém-nascido 'demanda' o olhar da mãe", em uma operação bem-sucedida de "reconhecimento".[193] Como se houvesse uma empatia primária capaz de ser recuperada pela arte, o que à sua maneira não deixa de nos remeter a teorias psicológicas de relação de objeto que tentam aproximar a arte da criação de espaços transicionais.[194]

Postura influente durante os últimos 20 anos que expressa certo espírito de época, tal perspectiva nos deixa, no entanto, com questões

---

[192] BOURRIAUD. *Esthétique relationnelle*, p. 21.

[193] BOURRIAUD. *Esthétique relationnelle*, p. 22.

[194] Ver WINNICOTT. *Natureza humana*, p. 127.

maiores. Há que se perguntar se a redução da experiência estética a um horizonte relacional submetido a "negociação" visando modos temporários de existência conjunta porta força política real, ao invés de ser apenas mera construção ideológica. Pois a transposição do vocabulário relacional e do horizonte intersubjetivo à experiência estética talvez seja, ao contrário, o último capítulo de uma capitulação política que acaba por anular a noção de arte como circulação daquilo com o qual não saberíamos como nos "relacionar", daquilo que não tem a forma de uma "intersubjetividade" ou que, ainda e de forma mais precisa, despossui-nos do solo estável de nosso reconhecimento intersubjetivo por estremecer nossa sensibilidade de uma forma muito diferente do olhar da mãe que pretensamente "responde" à demanda do recém-nascido.

É sintomático que tais perspectivas (e atualmente elas são legião) acabem por se ver obrigadas a partilhar afirmações como:

> as utopias sociais e a esperança revolucionária deram lugar a microutopias cotidianas e a estratégias miméticas: toda posição crítica "direta" da sociedade é vã se ela se basear na ilusão de uma marginalidade atualmente impossível, até mesmo regressiva.[195]

Pois se trata de apostar no fim do "imaginário de oposição", no esgotamento da noção mesma de conflito em prol de formas novas de "coexistência" capazes de circular no "tempo real das experimentações concretas".[196] A marginalidade não é só impossível, mas também regressiva. Como dizia Ismênia, em *Antígona*: "o impossível não se deve nem tentar".

É certo que tal aposta é expressão da expectativa de mutação profunda nas categorias artísticas e nas experiências sociais que ela produziria. Mas notemos como se trata de insistir, em uma sobreposição extremamente significativa, que juntamente ao ocaso de

---

[195] BOURRIAUD. *Esthétique relationnelle*, p. 32.

[196] Adorno já apontava o fim do referido "imaginário de oposição" como sintoma maior de formas de aceitação do caráter pretensamente intransponível da efetividade presente (Cf. o texto "O esquema da cultura de massa", em ADORNO. *Indústria cultural*). Sobre o fim do imaginário de oposição como dispositivo maior de consolidação de subjetividades neoliberais, ver SAFATLE. A economia é a continuação da psicologia por outros meios In: SAFATLE; DUNKER; SILVA JUNIOR (Orgs.). *Neoliberalismo como gestão do sofrimento psíquico*, p. 17-47.

"esperanças revolucionárias", entraria também em colapso o caráter, digamos, não relacional das obras de arte. Caráter responsável pela confrontação com experiências que ainda não têm forma no interior do dito "tempo real das experimentações concretas" e que, por isso, poderiam nos levar em direção ao que ainda não tem imagem e coordenada de experiência.

Por essa razão, talvez sejamos obrigados a afirmar que a aplicação da temática do reconhecimento à experiência estética nunca poderia ser feita tendo em vista a constituição de espaços de interação intersubjetiva não distorcida. Há que insistir que o tema do reconhecimento intersubjetivo não convém à descrição do processo de relação às obras de arte, a não ser que tais obras se transformem em indutores de experiências submetidas a um paradigma comunicacional. Mas gostaria de insistir que tal transformação implicará eliminar uma das mais relevantes forças políticas que a obra de arte é capaz de portar. Ou seja, o modelo de reconhecimento que a experiência estética produz exige outro regime de determinação, estranho à noção de intersubjetividade e a seu horizonte comunicacional. Ele exige, na verdade, uma reconstituição profunda do que entendemos atualmente por "reconhecimento". Por isso, o debate atual sobre reconhecimento ganharia muito se meditasse, de forma mais sistemática, sobre os modelos de subjetivação que circulam no interior da experiência estética.

Para tanto, gostaria de continuar caminhando no interior do horizonte estético do romantismo a fim de discutir um de seus conceitos fundamentais (e atualmente incompreendidos), a saber, o conceito de expressão. Esse retorno visa explorar o potencial subjacente à relação entre emancipação política e expressão estética, tão relevante para os românticos e para aqueles que se deixarão, mesmo sem o saber, influenciar por eles. A tese a defender aqui é que tal relação chegará ao debate estético contemporâneo, conservando uma abertura fundamental das obras de arte para além de sua submissão ao paradigma comunicacional. De certa forma, o que as obras de arte submetidas à comunicação perdem é sua condição de espaço de expressão (e se fará necessário qualificar melhor o que afinal devemos entender por "expressão"). Elas perdem a possibilidade de levar sujeitos a terem a experiência de uma linguagem que não comunica, que não fala de objetos nem da psicologia de seus enunciadores, mas cuja incomunicabilidade faz vibrar o que em nós pode emergir para além da capacidade de representação de um Eu. Há algo do *tópos* rousseauista da expressão contra a comunicação nessa minha maneira de discutir o problema, mas acrescido de uma incomunicabilidade ativa vinda da recusa à redução da mímesis à estratégia de recuperação do horizonte de relação entre sentido e origem.

Sendo assim, aproveitemos esse momento para lembrar como "comunicação" implica, ao menos nesse contexto, exteriorização no interior de um regime de determinação submetido a princípios normativos já previamente assegurados e consensuais de interpretação de sentido, de valores, de conflitos e de definição do melhor argumento. Pois o paradigma comunicacional exige, necessariamente, que as condições gerais de definição de consenso já estejam dadas, que a gramática de conflitos já esteja previamente regulada, assegurando um horizonte imanente de cooperação e mutualismo. Ou seja, ele exige que a possibilidade mesma da existência de uma gramática de conflitos não seja, na verdade, o próprio objeto de conflito.

No entanto, é da inexistência de tal gramática que fala a expressão estética. Por isso, é inadequado compreendê-la seja como expressão egológica ("exteriorização de si"), seja como expressão posicional ("descrição de objetos"). A expressão estética, a partir do romantismo, se devemos achar uma forma de identificá-la, será uma certa emergência, a saber, a emergência de processos de desconstituição semântica capazes de nos implicar na abertura de transformações estruturais da sensibilidade. Por isso, uma expressão dessa natureza só pode nascer conjuntamente à reflexão sobre a autonomia estética. Ou seja, com a expressão estética emergem processos capazes de desestabilizar o funcionamento de campos semânticos, dando significação ao que era exterior ao campo social do sentido ou mesmo retirando a significação do que aparecia como garantido em seu espaço estabelecido. Tais processos têm ainda a força de implicar afetivamente sujeitos em uma dinâmica de transformação estrutural de si e do mundo, pois a expressão é presença daquilo que não contava na imagem de si e nas imagens do mundo.

Essa característica das obras de arte como espaço de expressão foi defendida por algumas teorias estéticas fundamentais para o século XX, como essa que encontramos em Theodor Adorno. Lembremos, por exemplo, uma operação local, mas prenhe de consequências. Ao criticar a teoria estética subjacente ao pensamento freudiano, Adorno dirá que Freud não entendera que os artistas não sublimam, eles expressam. Contra a ideia de um desvio pulsional sem recalque capaz de constituir objetos socialmente valorizados, ideia própria ao conceito freudiano de sublimação e que levava o psicanalista a pensar as obras de arte como certo espaço de reconhecimento social bem-sucedido, Adorno insistirá na irredutibilidade da expressão como conceito crítico fundamental. Pois, em vez de reiterar o socialmente valorizado, a expressão "nega a realidade ao contrapor-lhe o que não se iguala a esta, mas não a renega".[197] Essa negação (que é pensada de forma dialética como relação, infinitamente dialetizada, entre sujeito e materiais estéticos) é também negação da própria psicologia do artista, já que estes, ao se expressarem, têm de "pagar o preço caro por isso enquanto indivíduos, permanecendo desamparados atrás de sua própria expressão, a qual escapou à sua psicologia".[198] Essa é a maneira adorniana de dizer que, longe da segurança do recém-nascido que demanda o olhar da mãe, há algo na expressão estética que *desampara os sujeitos* por não se conformar às dinâmicas da objetivação do que apareceria como interioridade. A expressão estética aparece como confrontação com o que nos desampara tanto do vínculo à significação partilhada pela realidade social e seus modos gerais de ordenamento quanto do que constitui as ilusões da vida interior e de nossa personalidade psicológica, pois ela está ligada a um sistema de forças anterior ao estabelecimento de uma faculdade subjetiva. De certa forma, temos uma expressão sem realidade e sem psicologia, sem mundo e sem Eu.[199] É ela que coloca necessariamente as obras de arte para fora do horizonte relacional do reconhecimento intersubjetivo.

Todas essas temáticas, como gostaria de mostrar, encontram uma fonte privilegiada no romantismo. Elas precisam ser recuperadas

---

[197] ADORNO. *Minima moralia*, § 136.

[198] Nesse sentido, só podemos concordar com Rodrigo Duarte, para quem: "Adorno declara que o tipo de expressão que a pintura e a música moderna buscam nada tem a ver com um excesso de poder de um ego sintetizador, mas com a busca de uma linguagem não subjetiva" (DUARTE. *Dizer o que não se deixa dizer*, p. 123).

[199] Para uma teoria do desamparo como afeto, ver SAFATLE. *O circuito dos afetos: corpos políticos, desamparo e o fim do indivíduo*.

no debate contemporâneo, entre outras, por razões eminentemente políticas ligadas à recompreensão das formas dos processos de emancipação social e do alcance necessário da experiência crítica. Pois, longe de ser a insistência no culto a um Eu excessivo e exaltado, a expressão estética a partir do romantismo seria marcada pela tentativa de "liberar totalmente de suas cadeias um sujeito até então entravado mesmo na expressão de seu sofrimento pelas convenções expressivas controladas pela burguesia".[200] Levar tal colocação a sério implica assumir que não se tratará da consolidação de dinâmicas de "expressão de si", como se estivéssemos diante de: "um processo de 'subjetivação' [dos afetos] na ascensão da sociedade burguesa".[201] Essa leitura corrente visa integrar a formação da expressão estética romântica no interior do quadro de afirmações da individualidade liberal em ascensão. Como se a arte fosse reflexo de tal processo, como se os artistas fossem representantes letrados da ascensão liberal, e não críticos de suas ilusões.

Pensar a expressão como liberação do sujeito de convenções controladas pela burguesia significa, no entanto, liberar um sujeito até então conformado às convenções da individualidade burguesa e às ilusões que, um século mais tarde, chamaremos de "cooperativas" e "comunicacionais". Sem essa liberação não será possível haver política, pois as formas de reprodução da vida social estarão intocadas nas estruturas da psicologia dos sujeitos, nos circuitos de seus afetos, nas crenças de sua vida interior. É nesse sentido que compreender melhor as dinâmicas ligadas à construção do conceito de expressão estética aparece como momento fundamental para analisar as expectativas de emancipação social que as obras de arte ainda seriam capazes de fazer circular. Ela marca, e isto temos dificuldade cada vez maior em pensar, a *emancipação do sujeito diante de sua condição de indivíduo* e muito haverá ainda a se dizer a respeito desse regime de emancipação.[202] Assim, se aceitarmos

---

[200] ADORNO. *Klangfiguren: Musikalische Schriften I*, p. 208.

[201] WELLMER. *Versuch über Musik und Sprache*, p. 17.

[202] A esse respeito, lembremos como Benjamin compreendeu a função central da reflexão no conceito de obra de arte do romantismo alemão. Como não se trata de um conceito meramente projetivo de reflexão, mas de um conceito composto pelos momentos da alienação

que a especificidade da arte como experiência vem o fato de ela ser uma experiência social da liberdade ou, como querem alguns, uma "prática da liberdade"[203] capaz de mostrar à sociedade o que a liberdade pode ser, se aceitarmos que ela funciona não apenas como um discurso compensatório à ausência efetiva de liberdade na vida social, mas como uma das fontes principais de um desejo de liberdade que vai impulsionar transformações estruturais na vida social, então diremos que é a realização da arte como *linguagem expressiva* que permite aos sujeitos fazerem a experiência da liberdade. A arte, a partir de certo momento histórico, cria algo até então inédito, algo fortemente associado à constituição de uma nova consciência da liberdade, a saber, uma linguagem expressiva.

Política da forma no romantismo

Não é novidade lembrar como há algo, na relação entre arte e política, que muda de forma decisiva com o advento do romantismo, embora o sentido de tal mudança tenha sido objeto de controvérsias de mais de um século.[204] Reação conservadora aos processos de modernização social, desdobramento estético de impulsos jacobino-revolucionários, estetização da crítica social a partir da nostalgia de modalidades de retorno à origem e a vínculos comunitários substanciais, culto ao individualismo, expressão de uma classe urbana sem lugar: todas essas disposições contraditórias entre si já foram em algum momento

---

e do retorno a si, ele precisa ser reflexão infinita. Benjamin se lembrará de colocações de Novalis como "na medida em que eu [...] dou ao finito uma aparência infinita, eu o romantizo". O que não poderia ser diferente, já que: "O romantismo fundou sua teoria do conhecimento sobre o conceito de reflexão, porque ele garantia não apenas a imediatez do conhecimento, mas também, e na mesma medida, uma particular infinitude de seu processo" (BENJAMIN. *O conceito de crítica de arte no romantismo alemão*, p. 30). Esse recurso à infinitude se refere a um processo de autoengendramento através da integração do que aparece como outro, em uma matriz que nos remete a Fichte e a Hegel. O sujeito capaz de reconhecer tal processo infinito de reflexão não pode ser pensado sob a figura do indivíduo.

[203] Ver, a esse respeito, a bela reflexão presente em BERTRAM. *Kunst als menschliche Praxis: eine Ästhetik*.

[204] Muito dessa controvérsia está sumarizado de forma exemplar em LÖWY; SAYRE. *Revolta e melancolia*.

associadas ao romantismo. Todas elas estão corretas em sua descrição, mas incorretas em sua parcialidade. No entanto, não se trata aqui de fornecer alguma perspectiva mais integradora a fim de permitir o advento de mais um capítulo na remodelação contínua de interpretações a respeito do romantismo.

Há, na verdade, uma tese a ser defendida, a saber, a experiência do romantismo abre espaço a um modelo de emancipação social que pode redimensionar nossos horizontes hegemônicos atuais de reconhecimento. As reações a tal abertura se darão no interior do próprio romantismo, como se estivéssemos diante de um processo alargado de ação e reação. Ou seja, o romantismo, em seus setores mais avançados, iniciará uma trajetória de circulação de dispositivos que terão impacto decisivo na consolidação de certos modelos críticos de emancipação social a partir de meados do século XIX, assim como produzirá uma reatividade conservadora que terá também sua caracterização estética. No entanto, é decisivo compreender como ele produzirá uma modificação na sensibilidade responsável pela abertura a demandas de emancipação com forte capacidade de ressonância na configuração do radicalismo político moderno e, à sua maneira, ainda atuais até os dias de hoje.

Mas, para analisarmos tal possibilidade de forma mais estruturada, há duas estratégias que devem ser colocadas em marcha. A primeira diz respeito ao privilégio necessário a ser dado àquela que foi considerada a "mais romântica das artes", a saber, a música. Será na música que o romantismo ganhará suas inflexões mais amplas e avançadas.[205] O que não poderia ser diferente. Como vimos anteriormente, a prevalência do modelo musical a partir do romantismo se explica, em larga medida, pelo caráter não representativo do espaço musical produzido pelo advento da música instrumental como paradigma, isso através do primado da música absoluta. A afirmação descomplexada de tal caráter antirrepresentativo será decisiva para a consolidação da autonomia precoce da

---

[205] O que leva alguém como Adorno a afirmar: "é difícil isolar de maneira adequada o setor romântico na história da música porque a própria ideia romântica elegeu a música como modelo" (ADORNO. *Klangfiguren: Musikalische Schriften I*, p. 230). Adorno refere-se então a um devir-som da subjetividade, como um elemento transcendente que não está ligado a nenhuma determinação individual; o que, como veremos, causava aversão a um antirromântico como Hegel.

linguagem musical em relação aos processos de autonomização pelos quais passarão as outras artes a partir do final do século XIX.

Notemos, inicialmente, que o deslocamento da reflexão sobre a força política do romantismo para o campo musical complexifica a noção de que "desde a sua origem o romantismo é iluminado pela dupla luz da estrela da revolta e do 'sol negro da melancolia' (Nerval)".[206] Uma afirmação dessa natureza pressupõe que a crítica romântica da modernidade e da civilização capitalista seria feita, preferencialmente, em nome de valores e ideais do passado, ou seja, a temática da perda lhe seria constitutiva. No entanto, o romantismo musical de Beethoven, Schubert, Chopin não apresenta formas de fixação melancólica em perdas que não podem ser elaboradas ou que fazem da obra de arte o espaço de uma nostalgia infinita (embora seja verdade que o termo "nostalgia infinita" fora usado por E. T. A. Hoffmann exatamente para falar das sinfonias de Beethoven, mas nesse caso o sentido é outro, como vimos). Antes, mesmo os usos de materiais regressivos (por exemplo, como o uso da fuga no estilo tardio de Beethoven) ou as estilizações da melancolia (por exemplo, como na constituição do gênero dos *Noturnos*, em Chopin) são marcados por dinâmicas instauradoras do ponto de vista das inovações formais. Do ponto de vista formal, não há fixação melancólica, mas exploração das potencialidades internas a dinâmicas de instauração e ruptura.

Por outro lado, pode ser ilustrativo nesse ponto lembrar como se tecem explicitamente as relações entre arte e afirmação política revolucionária em algumas das experiências estéticas fundamentais do romantismo. Por exemplo, a *Terceira sinfonia*, de Beethoven, marco do início da música romântica, é uma peça que, não por acaso, vê-se como a estilização de um tempo em revolução. Sabe-se como ela chegou mesmo a ser dedicada a Napoleão, dedicatória retirada assim que este se tornar imperador ou, segundo o próprio Beethoven, tornar-se "não mais do que um mortal comum". Mas esse endereçamento da obra tem uma razão muito clara de ser. A estrutura formal da sinfonia é marca

---

[206] LÖWY; SAYRE. *Revolta e melancolia*, p. 37. Ou ainda: "repúdio à realidade social atual, experiência da perda, nostalgia melancólica e procura do que foi perdido: tais são os principais componentes da visão romântica" (p. 47).

de um tempo em convulsão. Ficavam evidentes aos ouvintes da época os sistemas singulares de relações entre materiais até então vistos como opostos e irreconciliáveis, as mudanças abruptas de caracteres, vistas por críticos como jogo imaginativo pueril, mas que indicavam novas possibilidades de síntese, assim como sua continuidade desmedida (ela é duas vezes maior do que as sinfonias de Haydn ou Mozart) e suas remissões estruturais de temas e motivos que aparecem em momentos de ruptura com os princípios regulares da forma.[207] Dessa maneira, é da emergência de novos princípios de unidade, totalidade e síntese que fala a obra, isso no momento em que a unidade política e a coesão social estão à procura de profundo redimensionamento. É a tal emergência no interior das obras de arte que deveríamos estar atentos quando é questão da interpretação da produção romântica.[208] E tentemos entendê-la a partir de uma discussão a respeito das mutações românticas da categoria de expressão.

Expressão pré-subjetiva e as relações entre música e moral

Sabemos que o termo "expressão" vem do latim "*expressio*", que significa "expulsão" ou ainda "espremer", sentido mais próximo da raiz latina "*premo*" (que será acrescida do prefixo "*ex-*"). "*Premo*" indica várias formas de pressão. Assim, *premere vina* é "espremer a uva", *vocem*

---

[207] A esse respeito, só podemos concordar com Lydia Goehr, para quem: "A música não oferece uma pintura imediata de uma situação histórica ou social, como sugerido quando afirmamos, por exemplo, que a *Eroica*, de Beethoven, refere-se às guerras napoleônicas. O que a música escreve, ou melhor, oferece à crítica é o conhecimento social e filosófico deduzido do movimento dos nossos conceitos. A partir da interpretação crítica ou filosófica de uma obra musical, aprendemos algo filosófico a respeito do movimento dialético de nossos conceitos. E como a filosofia, como a música, é mediada pela história concreta, aprendemos algo abstrato ou conceitual sobre a era [*Zeit ou Zeitgeist*] das guerras napoleônicas" (GOEHR. *Elective Affinities: Musical Essays on the History of Aesthetic Theory*, p. 27).

[208] O que nos leva a afirmações de Benjamin sobre o romantismo, como: "Toda forma como tal vale como uma modificação particular da autolimitação da reflexão; ela não precisa de outra justificativa pois não é meio para a exposição de um conteúdo [...]. A Ideia da arte como um medium produz, então, pela primeira vez, a possibilidade de um formalismo não dogmático ou livre, de um formalismo liberal, como diziam os românticos. A teoria primeiro romântica fundamenta a validade das formas independentemente do Ideal das conformações" (BENJAMIN. *O conceito de crítica de arte no romantismo alemão*, p. 82).

premere é "calar-se". A adição do prefixo "*ex-*" reforça, no mais das vezes, a ideia de uma passagem do interior ao exterior, de uma passagem em direção à visibilidade. Isso talvez nos explique por que tínhamos, em *expressus*, o sentido de um discurso que se apresenta claramente, o que é totalmente adequado à sua forma, "o que é claramente apresentado". Como diz o ditado: "O que claramente se concebe claramente se enuncia". Isso pode nos explicar por que se falava de *expressão*, ainda no século XVII, para indicar a maneira como um texto deveria ser lido a fim de ser compreendido de maneira clara. Não é difícil perceber que, nesse caso, temos a ideia de uma conformação a estruturas objetivas e previamente determinadas de maneira estrita. De certa forma, algo desse sentido inicial permanece quando dizemos, de um ator, que ele expressou bem seu papel, ou quando entendemos por "expressão" a exteriorização de uma egoidade personalizada, manifestação da interioridade singular da pessoa. Exteriorização que se organizaria a partir das coordenadas de um *estilo* submetido a exigências de *autenticidade.*

Tradicionalmente, acreditamos que a autenticidade permite aos sujeitos se reconhecerem na exterioridade enquanto individualidades insubstituíveis capazes de produzirem e se expressarem a partir de *estilos* singulares. "Estilo" deve aqui ser compreendido como "modalidade de integração do individual em um processo concreto que é trabalho e que se apresenta necessariamente em todas as formas de prática".[209] Tais individualidades, através da singularidade do estilo, conseguiriam dar forma ao que tinha sua realidade ligada, até então, apenas à intencionalidade alojada na irredutibilidade da pura interioridade. Nesse sentido, a autenticidade seria um atributo que garante a existência, de direito, de um *princípio de expressibilidade* entre a potencialidade de minha individualidade singular e a exterioridade intersubjetiva das dimensões da linguagem e do trabalho.[210] Essa maneira de compreender, no entanto,

---

[209] GRANGER. *Filosofia do estilo*, p. 17.

[210] Por "princípio de expressibilidade" entende-se que: "para qualquer sentido X e qualquer falante S, não importa o que S queira dizer com X (intenções a expor, desejos da comunicação em uma sentença etc.), é possível haver alguma expressão E de maneira que E seja a exata expressão ou formulação de X. Simbolicamente: (S) (X) (S significa X *P ($ E) (E é a expressão exata de X)" (SEARLE. *Speech Acts*, p. 20).

peca por submeter a dinâmica da expressão subjetiva a exigências gerais de comunicação de objetos na terceira pessoa.

Notemos, no entanto, que o termo "expressão" mudará de sentido quando indicar a manifestação da genialidade do artista, isso a partir do final do século XVIII. Pois a noção de gênio é tributária daquilo que Adorno entende como a questão fundamental do romantismo, a saber: "esta de um estado de consciência que não pode mais se fiar em cânon formal objetivo algum e deve objetivar por si mesmo, a partir de seu próprio peso, as leis de gravitação de sua própria subjetividade".[211] Isso nos auxilia a compreender por que, *antes do romantismo, a expressão estava, em larga medida, ligada a certa compreensão da mímesis como capacidade de imitar de maneira perfeita*, um pouco como se espera de um artista de teatro que ele expresse de maneira perfeita seu personagem. Vínculo entre expressão e mímesis que, ao menos sob essa forma, desaparecerá com a noção romântica de gênio, isso a ponto de alguém como Liszt afirmar claramente: "A música não imita, ela expressa". Assim, a genialidade do artista estará ligada à sua capacidade de quebrar a regularidade da forma sem desestruturá-la completamente. Quebras que fornecerão uma tensão interna à forma, que mostrarão à forma que ela sempre será assombrada por algo de informe.

Isso pode explicar algo a respeito do recurso do romantismo à ironia como forma privilegiada de expressão. Pois a ironia é, de certa maneira, uma autodestruição da forma em ato, a partir do momento em que critica o que se apresenta fenomenalmente, explicitando uma transcendência em relação a todo conteúdo determinado:

> A ironização da forma ataca a ela mesma sem destruí-la, e é essa irritação que deve visar a perturbação da ilusão na comédia. Esta relação indica um parentesco patente com a crítica, a qual dissolve a forma de modo grave e irrevogável para transformar a obra individual em obra de arte absoluta, para romantizá-la.[212]

---

[211] ADORNO. *Klangfiguren: Musikalische Schriften I*, p. 116.

[212] BENJAMIN. *O conceito de crítica de arte no romantismo alemão*, p. 89. Para uma discussão mais sistemática sobre a ironia, ver os dois primeiros capítulos de SAFATLE. *Cinismo e falência da crítica*.

De fato, essa modificação na categoria de expressão tem relações profundas com uma nova compreensão de noções como "afeto" e "afecção" a partir do final do século XVIII. Sublinhemos, por exemplo, certos aspectos dessa *doutrina dos afetos* tão presente na estética musical até a metade do século XVIII, em especial no que se convencionou chamar de música barroca. Pois o afeto produzido pela música seria, nesse caso, muito mais uma questão de *representação* de regimes de afecção do espírito do que de *expressão*.[213] Há, nesse caso, a crença em uma taxionomia rígida de afetos ligados a formas, modos e ritmos. Uma taxionomia "objetiva", já que: "os sons, compreendidos como *stimuli* no sentido fisiológico-psicológico, desencadeiam reflexos, produzem sentimentos que o ouvinte não objetiva, mas determina como intervenção em seu estado anímico".[214]

Os sons são *stimuli* físicos que excitariam os nervos provocando certas formas de movimento do espírito, da mesma forma que a luz produz excitações determinadas nos nervos óticos. Tais movimentos dos nervos teriam correspondência estrita com determinadas paixões, fornecendo assim uma verdadeira fisiologia das paixões produzidas pela música. Por exemplo, sendo a alegria o resultado de uma expansão de nossos espíritos vitais, os intervalos extensos seriam os mais aptos tanto a expressá-la quanto a excitá-la. Da mesma forma que a tristeza, resultado direto da contração dos espíritos vitais, terá relação profunda com os intervalos menores e semitons. Tal analogia formal entre movimentos corporais e intervalos musicais, capaz de fornecer certa morfologia das emoções musical, é a base, por exemplo, das influentes especulações de Johann Mattheson no século XVIII.[215]

Esse fisicalismo explícito não será a única forma de pensar as relações entre música e representações objetivadoras dos afetos. Desde a Camerata, de Florença, a tese de uma música cuja expressão seria

---

[213] J. G. Walther afirma: "Affetto (*ital.*), Affection (*gall.*) Affectus (*lat.*) um afeto ou uma emoção (movimento de humor) que a música pode suscitar. Kircher [...] e Hirsch [...] distinguem principalmente oito, a saber: o amor, a tristeza, a alegria, a cólera, a compaixão, o medo, a insolência e o deslumbramento" (WALTHER. *Musikalisches Lexikon oder musikalische Bibliothek*, p. 11).

[214] DAHLHAUS. *Estética musical*, p. 32.

[215] MATTHESON. *Der vollkommene Capellmeister.*

resultado da mímesis em relação à expressão linguística será também defendida. Peter Kivy fornece um belo exemplo dessa perspectiva ao lembrar como as primeiras frases da linha vocal do *Lamento d'Arianna*, de Monteverdi, na qual ouvimos o *"Lasciatemi morire"* que abre a peça, tem seu efeito fundamentado na similitude em relação à expressão linguística de alguém que se deixa morrer, elevando o tom para desfalecer lentamente em uma queda contínua.[216] Já a forma melódica da voz nos compassos 1 a 6 demonstra isso claramente:

Dessa maneira, a música derivaria seu impacto da associação aos efeitos produzidos anteriormente pela linguagem falada. O exemplo é ainda mais feliz por Monteverdi ser um claro exemplo de alguém que compreende a música em chave objetivista, a partir de seus efeitos afetivos no ser humano, já que a imitação seria o princípio da arte, e o objeto a imitar sempre é o afeto (e haveria muito a se pensar a respeito da ideia de que *imitamos* afetos). É dessa forma que ela deve produzir uma "amável tirania sobre a alma", para utilizar as palavras do próprio compositor italiano. Essa seria uma maneira de compreender o músico muito mais como um "pintor de sentimentos estranhos do que

---

[216] KIVY. *Sound Sentiment: An Essay on the Musical Emotions*, p. 20.

exibicionista dos próprios".[217] Nesse sentido, uma das conquistas mais importantes da estética romântica do sentimento será a recusa de toda doutrina dos afetos com sua codificação estrita de modos e formas a partir da possibilidade de produção determinada pelas disposições fisiológicas do espírito.

Por todos os lados, a relação entre expressão e mímesis se quebra. Com a quebra da exigência mimética, assim como com o advento do conceito de "gênio", pode-se desdobrar a insubmissão paulatina da expressão à comunicação e à sua dinâmica de recognições, isso a ponto de a música chegar a ser definida simplesmente como "formas sonoras em movimento", ao menos nas palavras de um dos críticos musicais mais influentes da segunda metade do século XIX, a saber, Eduard Hanslick. Forma sonora em movimento porque a música, em sua essência enquanto música puramente instrumental, não procuraria representar narrativa alguma, nem sequer sentimento definido algum. Como dirá Hanslick:

> se se perguntar o que se há de expressar com este material sonoro, a resposta reza assim: *ideias musicais*. Mas uma ideia musical trazida inteiramente à manifestação é já um belo autônomo, é fim em si mesmo, e de nenhum modo apenas meio ou material para a representação de sentimento e pensamentos [...]. O único e exclusivo conteúdo e objeto da música são *formas sonoras em movimento*.[218]

Hanslick demonstrava plena consciência de estar adentrando em um outro estágio histórico de racionalização do material musical que permitia a consolidação da esfera musical em sua autonomia. No entanto, há que perguntar se tal natureza indeterminada da expressão musical,

---

[217] A expressão é de Dahlhaus, que dirá: "A estética da imitação do séc. XVIII, à qual Charles Batteux proporcionou a versão mais rigorosa e mais eficaz, concebia a expressão afetiva musical como representação e descrição de paixões. Ao ouvinte cabe o papel de um espectador sereno, de um observador que julga da semelhança ou dissemelhança de uma pintura. Nem ele se sente exposto aos afectos que se encontram musicalmente representados, nem o compositor revela o seu íntimo agitado numa manifestação ressonante, pela qual espera do ouvinte compaixão, simpatia. É mais o pintor de sentimentos estranhos do que exibicionista dos próprios" (DAHLHAUS. *Estética musical*, p. 33).

[218] HANSLICK. *Do belo musical*, p. 42.

em vez de manifestação do "puro Eu", não seria, na verdade, fruto do advento de algo que poderíamos chamar de "expressão não intencional" que anima o núcleo da experiência estética. "Não intencional" não no sentido de involuntário, de marcado pela casualidade, mas referente ao sentido fenomenológico da intencionalidade como visada da consciência em direção a um objeto.

Uma expressão não intencional

Voltemos momentaneamente nossa atenção ao início do século XX. Lembremos, nesse sentido, como Kandinsky, um dos pintores mais influentes do modernismo estético, procura constituir uma noção despersonalizada de interioridade capaz de impulsionar sua própria experiência estética, isso ao afirmar:

> a palavra é uma *ressonância interior*. Tal ressonância interior é devida em parte (ou talvez principalmente) ao objeto que a palavra nomeia. Mas se não vemos o próprio objeto, forma-se na cabeça do ouvinte uma representação abstrata, um objeto desmaterializado que desperta imediatamente no "coração" uma vibração. Assim, a *árvore verde, amarela, vermelha* na pradaria é apenas um caso material, uma forma materializada fortuita da árvore que ressentimos a partir do som da palavra árvore.

Mas,

> esse som puro passa ao primeiro plano e exerce uma pressão direta sobre a alma. A alma alcança uma vibração sem objeto ainda mais complexa, eu diria mesmo mais "sobrenatural" que a emoção ressentida pela alma ao ouvir um sino, uma corda beliscada, a queda de uma placa.[219]

Não é segredo algum que Kandinsky pensa a natureza da experiência estética a partir da generalização do paradigma musical. Daí a importância de sua defesa da música como a "arte atualmente mais imaterial" e, por isso, mais apta a "expressar a vida interior do artista".[220]

---

[219] KANDINSKY. *Du spirituel dans l'art, et dans la peinture en particulier*, p. 82.

[220] KANDINSKY. *Du spirituel dans l'art, et dans la peinture en particulier*, p. 98.

Se levarmos em conta o diagnóstico fornecido por Hegel a respeito da música como a arte da "pura interioridade", não será difícil perceber como o advento da pintura moderna em um dos seus eixos fundamentais procura inverter a noção hegeliana do colapso da força de significação da experiência estética devido ao risco de generalização do paradigma musical.

O interesse dessa elaboração de Kandinsky encontra-se na consciência de que a produção do espaço para tal "vibração sem objeto" é estratégia maior para a posição de uma expressão que não se reduz apenas à repetição de uma gramática social reificada de sentimentos. Por outro lado, ela é liberação da potência construtiva de materiais (como a cor, a linha, o volume) que estavam submetidos a um regime representacional, a um protocolo de adequação que não era outra coisa que a maneira de a consciência constituir o mundo das coisas à sua imagem e semelhança. Pois toda intencionalidade, por mais que alguns neguem, tem uma estrutura projetiva. Não é possível à consciência visar a um objeto sem projetá-lo, e há certo narcisismo em toda projeção. No interior dessa estrutura projetiva, os materiais só podem aparecer como "objetos potenciais", como o que deve potencialmente tomar a forma de um objeto, perdendo assim sua potência construtiva própria.

Nesse sentido, o que Kandinsky indica, para além de seu uso reiterado de um vocabulário demasiadamente espiritualista, é a emergência da força emancipatória de uma expressão não intencional, cortada de sua dimensão projetiva e, por isso, estranha à capacidade de representação de objetos. Expressão que é a marca fundamental da linguagem musical a partir do romantismo e que fornecerá um dos eixos maiores do desenvolvimento de uma linguagem que nos leva a reconhecer o que não porta mais a forma da consciência e de seus objetos.

Notemos a esse respeito que tal expressão é não intencional por não ter, ao mesmo tempo, nem referência [*Bedeutung*] nem sentido [*Sinn*]. Ela não é "expressão de algo", não fala sobre algo que seria sua referência última, por isso é desprovida de força denotativa. Se ela se contentasse em falar sobre "algo", dificilmente escaparia à condição de reiteração discursiva de um estado dado de coisas, contextual e localizado. Ela seria solidária da repetição do que é atualmente presente ou, no máximo, do que é atualmente possível, reduzindo-se à condição de descrição objetivadora, não de expressão.

Por outro lado, ela não é a realização de uma intenção significativa do sujeito, ela não é "expressão de mim mesmo", por isso é desprovida de sentido. Se fosse realização de uma intenção significativa contextualmente localizada, ela seria a posição de um projeto da consciência, não uma obra de arte capaz de mobilizar dinâmicas inconscientes que não podem ser apropriadas sob a forma da consciência, que não podem se determinar como propriedades da consciência. Por isso, nem expressão de uma consciência nem expressão de um objeto, a expressão estética será a partir de então *a manifestação da inquietude da linguagem em relação ao sentido e à referência*. Uma inquietude, um estremecimento vindo da promessa de transformação estrutural dos modos de relação a si e ao mundo que as obras de arte acabarão por portar.

Esse ponto pode ser melhor compreendido se nos perguntarmos sobre as relações entre expressão linguística e expressão estética. Notemos como, por mais paradoxal que isso possa parecer, *não é lá onde ela se aproxima da expressão linguística que a música é uma linguagem expressiva*. Sabemos como a música partilha com a linguagem certa logicidade estruturada através de suas frases, períodos, vozes, sistemas pergunta-resposta, pontuações, relações dramáticas de desdobramento da temporalidade (como as relações entre antecedente/consequente que se assemelham a relações de causalidade).[221] No entanto, sua dimensão expressiva não aparece como utilização adequada de potenciais linguísticos estruturais, mas como momento imanente contra as determinações normativas da forma. Por isso, ela estará necessariamente associada a regimes de desconstituição semântica de enunciados potenciais.

Isso nos leva a insistir na necessidade em distinguir uma *linguagem expressiva* de uma *linguagem de representação de afetos*. Uma linguagem

---

[221] A esse respeito, Adorno dirá: "Tenta-se distinguir a música da linguagem dizendo que ela desconhece todo conceito. Mas ela é próxima, em mais de um aspecto, dos 'conceitos primitivos' dos quais fala a teoria do conhecimento. Ela utiliza siglas [*Sigel*] que retornam. Elas foram forjadas pela tonalidade. Estas, mesmo não sendo conceitos, também produzem vocábulos: acordes que reempregamos constantemente com a mesma função, também ligações estereotipadas com os materiais de cadências, muitas vezes fórmulas melódicas que parafraseiam [*umschreiben*] a harmonia [...]. Essa invariância sedimentou-se em uma segunda natureza. Isso transformou o abandono da tonalidade em algo tão difícil para a consciência" (ADORNO. *Quasi una fantasia*, p. 252).

expressiva é aquela que leva ao ponto de colapso os procedimentos de produção de sentido e de determinação da referência. Ela abre os sujeitos à recepção do que não se configura como disposição intencional, e isso apenas a arte é capaz de fazer. Algo muito diferente do ato de representar, a partir de procedimentos de associação e reiteração, afetos tipificados e previamente determinados. Nesse sentido, é possível dizer que uma música pode representar alegria ou tristeza, mas nem por isso ela será expressiva. Ela será um veículo de comunicação e de descrição de afetos tomados como objetos, não o momento de liberação da linguagem em sua expressividade imanente. Distinguir linguagem expressiva e linguagem de representação de afetos pode parecer inicialmente paradoxal, mas há que sustentar a necessidade de tal paradoxo.

Debruçando-se sobre problema semelhante, Adorno insistirá em conservar a centralidade da categoria de expressão por compreender que a simples extirpação neo-objetiva da expressão equivaleria à submissão da arte a um princípio de funcionalidade que faria dela a figura de uma adaptação perfeita à realidade (ou a certa concepção atualmente realizada de sujeito). Mas sua estratégia de conservação da expressão passa por uma dupla recusa. Ela está claramente enunciada em afirmações como: "a expressão se aproxima do transubjetivo, é a forma do conhecimento que, como precedeu uma vez a polaridade entre sujeito e objeto, não a reconhece como definitiva".[222] Ou seja, a expressão é um regime de linguagem capaz de ressoar modelos de imbricação que antecedem à consolidação da polaridade entre sujeito e objeto, capaz de ressoar um solo comum do qual todos os dois se extraem. Por isso, ela não é nem a expressão do sujeito nem a expressão do objeto, mas a expressão do que os desconstitui enquanto entidades polarizadas. Ela é própria à força plástica de estabelecer relações antes das dicotomias entre sujeito e objeto.

Por sua vez, o recurso à noção de "transubjetivo" para descrever tal modelo de imbricação visa lembrar que as desconstituições que a expressão produz são implicativas. Elas implicam sujeitos de forma genérica em um processo de transformação em direção ao que eles ainda não são. "Transubjetivo" não está aqui como termo que indica

---

[222] ADORNO. *Teoria estética*, p. 170.

potencialidades intersubjetivas soterradas pela vida social. Daí por que Adorno dirá que se trata de ver na expressão "o não subjetivo no sujeito", um "impessoal" [*apersonal*][223] que participa do Eu sem ser idêntico a ele, aquilo que faz vibrar a "história primitiva da subjetividade", uma pré-história que sobrevive nele e que pode emergir a qualquer momento.

Essas colocações a respeito da expressão do impessoal, de uma pré-história não subjetiva alcançada pela expressão, mostram como é apenas quando o sujeito abandona a atitude disposicional de confirmação de si que as relações expressivas podem ocorrer. Isso implica colocar o uso da linguagem próximo a certo mutismo com força de despossessão: "A verdadeira linguagem da arte é muda [*sprachlos*], seu momento de mutismo tem primazia em relação ao caráter significativo da poesia, algo do qual a música também não está afastada".[224] Mutismo que pode se figurar através da potência expressiva das dissonâncias em Schönberg, dos cortes e das suspensões abruptas no estilo tardio de Beethoven, das explosões de força e intensidade em Chopin. Há várias formas de levar a linguagem ao ponto de atrofia da comunicação, ao seu ponto de desconstituição semântica. Mas, em todos esses casos, vemos a manifestação da expressão estética como "objetivação do não objetivado" [*Vergegenständlichung des Ungegenständlichung*], objetivação que não equivale a uma "imitação do sujeito", mas ao reconhecimento de que a expressão estética está "na contramão da expressão de algo".[225]

Enquanto prática da liberdade, a arte produz um estranhamento em relação às disposições formais de reiteração do estado atual de coisas e de submissão do sujeito ao primado da identidade. Ao fazer isso, ela nos desacostuma do mundo. Algo que, seria importante lembrar, sabemos desde o romantismo.

---

[223] ADORNO. *Teoria estética*, p. 172.

[224] ADORNO. *Teoria estética*, p. 171.

[225] ADORNO. *Teoria estética*, p. 171. Pois: "A ideia, tão própria aos dias atuais, de 'enunciar algo' é irrelevante para a arte. Como uma síntese que enuncia proposição alguma, a arte pode renunciar a fazer proposições sobre pontos de detalhes, mas ela é mais do que compensada pela sua justiça em relação ao que é normalmente excluído da proposição" (ADORNO. *Noten zur Literatur*, p. 32).

Capítulo 7
Como explodir um corpo expressivo: os *Estudos para piano*, de Chopin

*O pior de Chopin é que frequentemente
não temos como dizer se está certo ou errado.*
Mendelssohn

Em um estudo maior sobre a música romântica, Charles Rosen sugere tomar duas peças de Schumann como exemplos paradigmáticos da forma musical no romantismo. Os exemplos escolhidos dizem muito a respeito das tensões internas à expressão romântica. A primeira peça chama-se *Humoreske* e foi composta em 1839. Estruturada em sete seções, ela apresenta, em sua segunda seção [*Hastig*], uma melodia inaudível que deve ser imaginada pelo intérprete em voz interior [*innere Stimme*] enquanto toca uma espécie de acompanhamento para uma melodia que nunca será ouvida. Dessa forma, confrontamo-nos com "uma estrutura de sons que implica o que está ausente",[226] implica o que é destinado a nunca se realizar, mas que deve ser contado como parte da obra. Essa é uma forma no interior da qual nem toda potência está destinada a passar ao ato, além de ser uma expressão quase didática de um *sensus privatus* que exige ser associado à obra. Há assim uma experiência de interpretação que exige a consciência da dissociação entre concepção e realização. Tal dissociação produz uma latência sempre presente, como se o limite à interpretação fosse fenômeno interno ao funcionamento da obra.

---

[226] ROSEN. *The Romantic Generation*, p. 10.

Longe de ser uma ironia gratuita de Schumann, sua melodia que deve ser "tocada" apenas em voz interior talvez seja, de fato, a expressão mais radical de um eixo maior de desenvolvimento da forma musical no interior do romantismo. Trata-se da exigência de integração contínua do que aparece como limite às possibilidades definidas pela organicidade da forma. A forma musical no romantismo de Schumann, de Chopin, do chamado "estilo tardio" de Beethoven é uma forma atravessada pela consciência de seus limites, por isso forma eminentemente crítica. Forma animada pela potência do irrealizado e do irreconciliável. "É um paradoxo essencialmente romântico que o primado do som na música romântica tenha de ser acompanhado e mesmo anunciado por uma sonoridade que não apenas é irrealizável, mas inimaginável."[227] Como se a música caminhasse necessariamente em direção ao que força o esquematismo da imaginação, ao que desorienta os limites da escritura. Trata-se de algo muito diferente dessas notações de partitura barrocas que deixavam à escolha do intérprete algumas decisões importantes a respeito de ornamento, intensidade e timbre. Nesse caso, a partitura deixa espaço à habilidade do intérprete. Já no caso da peça de Schumann, o intérprete se vê diante do

---

[227] ROSEN. *The Romantic Generation*, p. 11.

que sua habilidade não permite formalizar. Trata-se de uma maneira de confrontá-lo com algo que permanecerá irrealizado, embora com a força de intervir na maneira como a interpretação se dará. Pois interpretar essa peça solfejando uma melodia suplementar em "voz interna" cria uma tensão e desestabilização que a peça não teria se estivesse reduzida à escritura das mãos esquerda e direita.

É nesse contexto que outra peça de Schumann é invocada, a saber, o primeiro *Lied* da série dos *Dichterliebe*, intitulado *Im wunderschönen Monat Mai*. Ela começa no meio, termina em uma dissonância, um impressionante acorde de sétima dominante sem resolução, e parece procurar traduzir musicalmente a expressão de um desejo insatisfeito, em permanente expectativa. O poema de Heinrich Heine é claro nesse sentido. Ele dirá: "no maravilhoso mês de maio, os botões de flores exprimem a emergência do amor, e o canto dos pássaros faz o poeta ouvir seu próprio anseio [*Sehnen*] e saudade [*Verlangen*]". Por sentir o descompasso entre o tempo presente e o que não se realiza, por sentir a forma como o maravilhoso produz não exatamente o conforto, mas o desnorteio do anseio, a peça parece começar em qualquer parte e terminar em qualquer parte, como se fosse um simples fragmento de algo não completamente presente, que pode continuar infinitamente.

Diante desses dois exemplos poderíamos falar de uma forma em crise perpétua, ou seja, que perpetuamente evidencia a natureza de convenção a animar o solo de inteligibilidade que liga compositor, intérprete e ouvinte. Forma que perpetuamente denunciaria a finitude do que a obra é capaz de determinar. Convenção que, por sua vez, parece apontar para o envelhecimento contínuo da linguagem. De fato, conhecemos certas interpretações que insistirão que algumas características fundamentais da expressão romântica, como a ironia, o culto do fragmento e do paradoxo, o caráter de desarticulação contínua da capacidade construtiva da forma, seriam marcas de uma subjetividade que estiliza continuamente os descompassos entre efetividade e as aspirações normativas da Ideia.[228] No entanto, há um risco ao inflacionarmos, nesse contexto, o conceito de "linguagem em crise" ou de ver em casos similares apenas a expressão de uma estetização contínua do

---

[228] Ver ARANTES. *Ressentimento da dialética.*

descompasso. Pois correremos o risco de não compreender o sistema profundo de ligações entre desejo romântico em direção ao irrealizado e redimensionamento da experiência social de emancipação. De certa maneira, desde a aurora do romantismo, a linguagem musical estaria, ao menos se formos fiéis a tal leitura, continuamente em crise, o que nos leva a perguntar se, por trás dessa aparente crise perpétua, não haveria algo que não é simplesmente crise, mas a afirmação de uma processualidade produtiva animada pelo caráter formalmente desestabilizador de certos conceitos estéticos centrais, em especial o conceito de expressão.

Estudos para piano

Para apreender melhor as articulações entre processos de instauração e dinâmicas de desestabilização da linguagem, podemos privilegiar uma estratégia local e nos voltar à análise do desenvolvimento de um gênero musical que se consolida com o romantismo, que o representa de forma privilegiada, permanecendo até hoje em alguns compositores contemporâneos centrais (como György Ligeti, Pascal Dusapin, Maurice Ohana, Philip Glass). Como uma lógica sintomal, esse ponto local poderá iluminar o todo.

O gênero escolhido é peculiar pois está preso entre a condição de mero exercício técnico de adestramento corporal e obra autônoma, entre disciplina e expressão, entre música e ginástica, por isso é o gênero que deixa mais evidentes as engrenagens através das quais a expressão musical encontrará sua gramática tensa. Trata-se dos *Estudos para piano*. Gostaria, pois, de procurar compreender, a partir de um dos gêneros aparentemente mais tipificados da literatura musical, como a expressão se coloca enquanto limite à comunicação e às determinações regulares da forma. Assim, veremos como, longe de ser o processo que garante a unidade de uma subjetividade fortemente personalizada, a expressão será o processo de relação ao que se coloca como heteronomia.

Lembremos ainda que discutir o problema da expressão musical através do desenvolvimento da técnica pianística não é uma escolha gratuita. Nenhum outro instrumento se vinculou tão claramente à formação sentimental da burguesia em ascensão, à definição do espaço privado da *home* e de sua memorabilia quanto o piano. Uma impressionante literatura pianística foi produzida a partir das primeiras décadas do século XIX, visando, entre outras coisas, alimentar um público crescente em formação. O piano não foi apenas um instrumento musical, mas foi também um espaço privilegiado de formação da sensibilidade burguesa e de sua interioridade psicológica. Ou seja, o piano não foi apenas o instrumento privilegiado de educação musical, ele foi o meio fundamental de *educação sentimental*, ele foi, na verdade, *o primeiro divã da sociedade burguesa*. Ao menos no que diz respeito ao século XIX, não haveria a sensibilidade burguesa como a conhecemos se não houvesse pianos.[229] Mas, como em todo bom divã, o que aparecerá diante do piano ultrapassa em muito os anseios de controle da sensibilidade burguesa. Como em todo bom divã, as demandas iniciais de determinação de si serão negadas e obrigarão os sujeitos a constituirem novas formas de estrutura de relação a si.

Assim, entre a literatura pianística, os *Estudos para piano* merecem nossa atenção por aparecerem mais claramente como eixo de certa pedagogia da expressão. À sua maneira, os *Estudos* procuram fornecer a definição das condições de possibilidade para toda interpretação correta possível. Tais condições, no entanto (e esse é um ponto de suma importância), são inicialmente expressas em um conjunto de disposições corporais. Não se aprende a tocar piano sem aprender a controlar o peso dos dedos, a modelar as mãos, a abrir e fechar os braços a fim de construir uma dinâmica de intensidades e velocidades. Nesse sentido, a técnica pianística impõe claramente a construção de um *corpo expressivo* a partir da internalização de um sistema complexo de tempos, de gestos e de movimentos.[230] Ela demonstra, de maneira exemplar, como a

---

[229] Lembremos, por exemplo, como Max Weber insiste no caráter de "instrumento de espaço interior" próprio ao piano, por permitir "a apropriação doméstica de quase todo o patrimônio da literatura musical, na imensa abundância de sua própria literatura e, finalmente, na sua especificidade como instrumento universal de acompanhamento e aprendizagem" (WEBER. *Os fundamentos racionais e sociológicos da música*, p. 149). Weber chega mesmo a afirmar que a literatura pianística desenvolve-se mais no Norte devido a uma "cultura do lar e da *home*", ausente no Sul.

[230] Ver, a esse respeito, SZENDY. *Membres fantômes: des corps musiciens.*

personalização da expressão é totalmente dependente da determinação de uma gramática de disposições corporais.[231]

Por exemplo, podemos não saber se uma indicação de *pianíssimo* em uma partitura indica ternura, solidão, tristeza ou quietude contemplativa, mas sabemos quais gestos corporais são necessários para o *pianíssimo* aparecer. Sei como meu corpo deve estar, de que parte do corpo deve vir o peso do toque. Essa gramática corporal (e não a elaboração intelectual dos sentimentos) é, no fundo, a base da noção moderna de expressão. Como se a expressão fosse, no fundo, um gênero de expressão corporal. Pois, se a expressão pode inicialmente parecer a manifestação de uma egoidade personalizada, tudo se passa como se a ilusão dessa egoidade estivesse profundamente relacionada a um sistema de condicionamentos corporais, a uma imagem do corpo que a técnica de interpretação parece procurar criar. O que não deixa de nos lembrar uma ideia cara à psicanálise, a saber, a noção de que o sentimento da egoidade está sempre vinculado à imagem do corpo próprio.[232]

No entanto, tal construção de uma gramática corporal não é apenas a internalização de processos disciplinares em direção à formação de um corpo expressivo. Essa é a diferença maior entre estudos de função meramente didática, que todo estudante de piano infelizmente conhece e felizmente odeia, e as obras que gostaria de analisar. Na verdade, em tais obras, a construção da gramática corporal é a posição de uma modalidade de aproximação com o que não tem a forma de uma egoidade. Ela é aproximação com aquilo que, liberado da sua ordenação regulada no interior da linguagem musical, é forçagem contínua da normatividade da forma musical. Poderíamos dizer que, para além de um imaginário do corpo, ele é a expressão de um corpo real, isso se quisermos continuar nas aproximações psicanalíticas.

Como já foi dito, um conjunto de estudos para piano é normalmente feito com o objetivo de fornecer ao instrumentista situações que

---

[231] Pois: "o gesto instrumental, um dispêndio corporal, participa também de forma íntima do enunciado musical" (BIGET. *Le geste pianistique: essai sur l'écriture du piano entre 1800 et 1930*, p. 3).

[232] Ver, a esse respeito, LACAN. Le stade du miroir comme formateur de la fonction du Je. In: *Écrits*.

lhe possibilitem desenvolver sua técnica, aprimorar sua gestualidade e agilidade. Embora encontremos, antes do começo do século XIX, peças fundamentalmente destinadas ao desenvolvimento da habilidade técnica do tecladista, como os *Clavier-Übung*, de Johann Sebastian Bach (que contêm as famosas *Variações Goldberg*), e os *30 exercícios para cravo*, de Domenico Scarlatti, é só a partir de compositores menores, como Carl Czerny, Johann Cramer e Muzio Clementi (se me permitem uma pequena colocação de ordem pessoal, credito a eles os piores momentos de minha vida em conservatório), que teremos uma produção sistemática de peças didáticas não dirigidas à performance e que serão chamadas de *Estudos*. Como dirá Charles Rosen:

> O Estudo é uma ideia romântica. Ele aparece no começo do século XIX como um novo gênero: uma peça curta cujo interesse musical é derivado quase inteiramente de um único problema técnico. Uma dificuldade mecânica produz diretamente a música, seu charme e seu *pathos*. Beleza e técnica estão unidas, mas o impulso criativo é a mão, com seu arranjo de músculos e tendões, sua forma idiossincrática.[233]

No entanto, com Liszt e, principalmente, Chopin, tais peças transcenderão seu caráter meramente pedagógico para se tornar, também, repertório de salas de concerto. Na verdade, elas representarão um ponto alto da expressividade romântica. Por isso, gostaria de me concentrar em uma discussão mais específica sobre Chopin, deixando os igualmente importantes *Estudos* de Liszt de lado. É fato que, com Chopin, encontramos uma manifestação paradigmática e decisiva da expressão musical romântica. Mas tenhamos em vista, mais do que uma análise estrutural de seus *Estudos*, o problema da articulação possível entre expressão musical e emancipação social.

A destituição do território

A análise da expressão em Chopin, assim como de suas implicações para a reconstrução do conceito de emancipação social, talvez devesse, no entanto, partir inicialmente de outro lugar. Não diretamente da

---

[233] ROSEN. *The Romantic Generation*, p. 363.

maneira como ele reconstrói a gramática da expressão musical a partir de seus gestos, a partir da emergência de um corpo, mas da maneira como sua música procura por um povo, ou se quisermos, procura por outro tipo de corpo, um corpo político. Pois há articulações profundas, há relações de imbricação entre a emergência de um corpo expressivo e um corpo político.

Seria importante lembrar aqui que há maneiras distintas de se procurar por um povo. Podemos fazê-lo à maneira dos compositores nacionais que recuperam e catalogam materiais folclóricos, músicas populares a fim de contribuir para a consolidação da identidade nacional no interior da afirmação dos Estados-nação. Dvořák, Janáček e os tchecos; Grieg e os noruegueses; Sibelius e os finlandeses; Borodin e os russos; Villa-Lobos, Camargo Guarnieri e os brasileiros. Os exemplos são legião e aparecem principalmente no século XIX ou (em caso de países de nacionalidade retardatária, como o Brasil) no século XX. A absorção do folclore pelos compositores era, na verdade, peça maior da estratégia burguesa de enraizar sentimentos nacionalistas em uma "gramática da origem" capaz de fornecer a ilusão de uma continuidade identitária, de materiais musicais tipicamente nacionais, como os cristais da Boêmia, o café brasileiro e os queijos franceses. Mas seria esse exatamente o caso de Chopin e os poloneses? Já se procurou sem grande sucesso traços diretos de materiais folclóricos em suas *Mazurkas*. Os resultados não foram além de referências ligadas a um imaginário popular bastante genérico, até porque compor danças polonesas era algo feito pela "música séria" desde a Renascença.[234] Eles praticamente inexistem em suas *Polonaises*, peças no entanto organicamente animadas pelo sentimento de procura de um povo em vias de desaparição, assim como inexiste o trabalho temático com o mito ou com marcas do *Volksgeist*.[235]

---

[234] A esse respeito, ver GOŁĄB. *Twelve Studies in Chopin: Style, Aesthetics and Reception*, p. 102-105.

[235] Nesse sentido, não vale para Chopin a caracterização desenvolvida por Dahlhaus: "O que é mais característico do século XIX é a ideia de que o espírito nacional, que se manifesta na música folclórica em um nível elementar, foi o mesmo espírito que finalmente produziu o classicismo, um classicismo nacionalista" (DAHLHAUS. *Between Romanticism and Modernism*, p. 82).

Lembremos, inicialmente, que a *polonaise* é uma das cinco danças nacionais polonesas, usada como dança de corte pela nobreza polonesa, que a preferia em vez do minueto, tão presente em outros países europeus.[236] Carregada de referências ideológicas nacionais, a *polonaise* era uma forma usada não apenas por compositores poloneses, como Michał Ogiński, mas também por Bach, Beethoven, entre outros. No entanto, o que encontramos em Chopin é a reformulação completa de um gênero que era visto como menor, ligado à dança, ao divertimento e, por isso, à estereotipia das formas. Um gênero menor e completamente tipificado se torna uma forma-extensa com desenvolvimento verdadeiramente sinfônico e força dramática. Por isso, podemos dizer que, no caso de Chopin e suas *Polonaises*, o eixo principal de sua procura por um povo é outro.

Tomemos a *Polonaise n. 5*, essa é uma peça de estrutura triádica (ABA), com uma introdução de oito compassos na qual um motivo de quatro notas se desdobra de forma monstruosa em uma sequência ascendente de oitavas paralelas. O termo "monstruosa" não está aqui de forma retórica, já que há uma ampliação monstruosa da sequência inicial, que segue um princípio de exageração de figuras e motivos bastante recorrente na escrita de Chopin. Ampliação de detalhes que levou alguns a falarem da "morbidez do estilo de Chopin".[237] Esse princípio de construção por ampliação desmedida de detalhes será uma constante em Chopin.

---

[236] A respeito da *polonaise*, ver MCKEE. Dance and Music of Chopin: The Polonaise. In: BELMANN; GOLDBERG. *Chopin and His World*.

[237] Ver ROSEN. *The Romantic Generation*, p. 398. Lembremos de Liszt falando sobre Chopin: "A melodia de Chopin se torna atormentada; uma sensibilidade nervosa e inquieta leva a um remanejamento de motivos de uma persistência feroz, dolorosa como esse espetáculo de torturas produzido nesses doentes da alma ou do corpo que só tem a morte por remédio. Chopin estava à mercê de uma dessas doenças que, piorando com o passar dos anos, o levou ainda jovem" (LISZT. *Chopin*, p. 56).

A introdução dará então lugar a uma primeira seção composta a partir da apropriação explícita do ritmo de *polonaise* (uma colcheia, duas semicolcheias e quatro colcheias), depois a uma segunda seção composta de uma marcha que se transmuta em *mazurka* e, por fim, a uma reapresentação da primeira seção, com uma coda final em forma de *stretto*. A primeira seção apresenta um primeiro tema musical composto a partir da apresentação ascendente da escala de fá sustenido menor (compassos 9 a 24) e seu consequente (com modulação em fá menor e sua relativa de lá maior). A disposição do tema é feita de forma tal que a ascensão na escala é acompanhada de um *crescendo* em intensidade para terminar em uma sequência de oitavas paralelas de difícil execução, pois exige uma disposição corporal no limite.

A segunda exposição do tema já é acrescida, desde o início, de oitavas em toda a frase. A terceira e última exposição, no interior do primeiro movimento, complexifica em demasia a execução ao acrescentar também um *glissando* diatônico na mão esquerda. A lógica parece clara: partir da apresentação elementar e dramatizada do ritmo de *polonaise*, para aumentar sua intensidade expressiva através da adição paulatina de elementos que desafiam o controle corporal do intérprete. Embora o ritmo de dança seja preservado, ele está em função completamente deslocada.

Essa dinâmica é interrompida pela segunda seção, que apresenta inicialmente 20 acordes totalmente monofônicos em ritmo de marcha. A monofonia evidencia a natureza eminentemente percussiva da figura musical, composta de um *ostinato* e um conjunto de quatro fusas que produzem o efeito de um rufar de tambor. Esse interlúdio de marcha é atravessado com a passagem do compasso 101 ao 102, na qual a tensão produzida pela repetição insistente do lá agora em oitavas paralelas (modulando-se em dó maior e menor) é suspensa por uma resolução de frases melódicas que começam em sol sustenido e, depois, em fá. A queda na segunda diminuta descendente de lá (sol sustenido) produz um efeito de suspensão da tensão. Mas ela se apoia em uma espécie de citação do segundo tema da seção anterior. O trecho anterior volta novamente como consequente, não mais de um tema em ritmo de dança, mas de uma figura musical com sua característica de marcha.

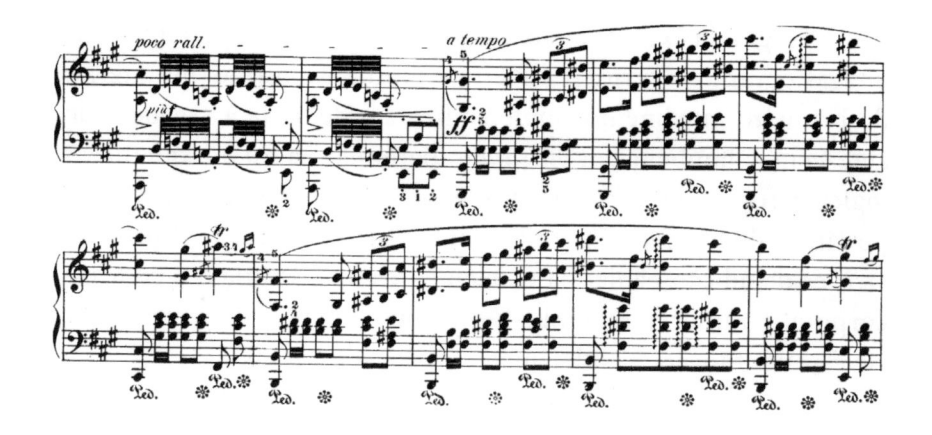

Note-se, ainda, a "transição" entre os compassos 109 e 110, na qual a última nota serve de reinício para o interlúdio de marcha. Essas são passagens nas quais o fim da frase musical é sua transmutação completa de caráter e, principalmente, a conservação de tal processo em um aumento de tensão que fornece às figuras retomadas por uma segunda vez a complexificação de seu sentido. A retomada a partir do compasso 110 é o aumento exponencial da força dramática da repetição das oitavas paralelas, mas sua resolução se dá através de uma transmutação do ritmo marcial em *tempo di mazurka*, ou seja, em recuperação da expressão da dança. Há que admirar a coragem de resolver o drama de uma marcha militar através de uma dança de salão.

No interlúdio de marcha, é notável ainda o uso da anacrusa antes do primeiro tempo forte, normalmente uma vez a cada dois compassos, mas mudando de lugar ao final da seção. Tal recurso tem por resultado a produção do desequilíbrio lá onde o *ostinato* insistente produziria necessariamente um equilíbrio reiterado. A introdução de uma fusa de lá antes da dupla oitava da mesma nota produz uma espécie de antecipação em tempo errado que deve ser recuperada. Ela antecipa, em tempo fraco, o que a figura procura reiterar em tempo forte.

Esses pontos nos levam a outra característica musical importante. Chopin chama um povo fazendo apelo a um fluxo constante de desconstituições e recontextualizações semânticas que transformam o sentido de peças normalmente usadas para chamar musicalmente um povo, como hinos, marchas, danças e uníssonos. Os elementos musicais próprios a hinos, marchas e danças estão lá, mas em um jogo de passagens e instabilidade tal que lhes retira a capacidade de, digamos, fundamentar um solo. Os hinos se dissolvem em contrapontos, as marchas viram danças, as danças carregam uma tensão, vinda da ressonância dos momentos musicais anteriores ainda vivos e prestes a reemergir, que retiram da dança sua função de divertimento. Isso nos permite dizer que esse povo chamado por Chopin constitui seus vínculos e seus sistemas de transmissão através da partilha de uma expressão que não terá solo, expressão que constrói um espaço musical em fluxo contínuo de transformação. Fluxos muito intensos para fundar um solo.

Nesse sentido, se a emancipação política no século XIX esteve tão vinculada à construção de um território nacional, com seu imaginário de libertação e recuperação de uma origem silenciada, a estratégia de Chopin segue outra coordenada. Ela é um esforço contínuo de desconstituição de territórios, de invasão de forças heterogêneas que desestabilizam formas e produzem um espaço de múltipla imbricação. Há que atentar para esse modelo de emancipação através da abertura a forças heterogêneas. Como disse anteriormente, ela fornece outro modelo de emancipação, não mais ligada às ilusões autárquicas de autonomia e jurisdição de si ou à defesa da autoctonia.

De toda forma, não é por acaso que tal modelo aparece a respeito dos poloneses do século XIX. Nesse momento, como dirá Engels: "polonês e revolucionário são dois termos idênticos". Afastados do pan-eslavismo e sua ressurreição contrarrevolucionária de arcaísmos, os poloneses seriam, na perspectiva de Engels e Marx, o único povo eslavo capaz de aceder a uma consciência revolucionária visando à emancipação coletiva.[238] Já sua Constituição de 1791 fora acusada de jacobinismo e simpatias revolucionárias, o que motivara a Guerra Russo-Polonesa e a posterior partição da Polônia. Após a partição, várias revoltas se sucedem, em especial em Varsóvia, em 1830, e principalmente em Cracóvia, em 1846. Marx e Engels dirão que a insurreição de Cracóvia deveria ser vista como um modelo por ser o primeiro movimento na Europa a hastear a bandeira da revolução social, sendo não apenas uma revolução nacional, mas também uma revolução de emancipação de classes, o que os faz defender sua posição de precursora das revoluções de 1848. Ou seja, o vínculo à causa polonesa tem, no século XIX, uma complexidade para além do problema da emancipação nacional.

Reconstituir um corpo expressivo

Mas tentemos desenvolver o problema da expressão musical como abertura ao heterogêneo através da discussão de algumas peças paradigmáticas dos *Estudos para piano*. Comecemos por lembrar que uma abordagem do conjunto dos estudos de Chopin em seus dois livros, o *Opus 10* e o *Opus 25*, além dos três estudos sem *opus* publicados posteriormente, demonstra como não se trata, no caso de Chopin, apenas de apresentar dificuldades técnicas para a formação das habilidades musicais do intérprete. Trata-se de algo mais audacioso, a saber, reconstruir o corpo e seus gestos com suas intensidades e movimentos, recuperar

---

[238] Ver ENGELS. A revolta húngara.

a mão através de dedilhados e movimentos que construam para cada um dos dedos uma sonoridade que lhes seria própria.

Tomemos, por exemplo, o problema do dedilhado. O ponto fundamental de contato entre o corpo do intérprete e o corpo do piano são os dedos. Por isso, toda a constituição disciplinar do corpo expressivo do intérprete começará pela "produção" dos dedos. Era comum à época de Chopin a defesa de que "a clareza da execução só pode existir enquanto todos os dedos tiverem uma força e uma flexibilidade iguais".[239] Ou seja, a expressão musical seria solidária aqui da produção de uma disposição igual de forças, de uma intercambialidade absoluta que parece garantir o domínio pleno de meu corpo através da afirmação de um horizonte abstrato de pura homogeneidade (todos os dedos se equivaleriam, independentemente de sua anatomia distinta; dessa forma, posso ter o domínio de todos de forma igual). Ao produzir a homogeneidade de forças e flexibilidade, teremos uma expressão que nasce do domínio de si sobre o corpo e sua anatomia.[240] Ela será por isso expressão máxima da disciplina. Nesse sentido, Chopin será praticamente o único em sua época a dizer:

> Agiu-se durante muito tempo de maneira contranatural procurando dar aos dedos uma força igual. Tendo cada dedo uma conformação diferente, é melhor não procurar destruir o charme do toque especial de cada um, mas, ao contrário, desenvolvê-lo. Cada dedo tem força de acordo com sua conformação.[241]

Chopin chega mesmo a propor que a posição natural da mão sobre o teclado não é a colocação de cada dedo sobre uma tecla de dó a sol, como se faz normalmente até hoje, mas em mi, fá sustenido, sol sustenido, lá sustenido, si, já que os três dedos centrais, por serem maiores, devem ficar sobre teclas pretas, que são mais altas. Assim, não se trata de adequar a naturalidade do corpo ao fundamento primeiro do sistema tonal, no caso a

---

[239] FÉTIS; MOSCHELES. *Méthode des méthodes pour le piano*, p. 9.

[240] Daí por que, para alguns: "a virtuosidade não será outra coisa além de um teatro da domesticação, reinstalando após o combate e a conquista o 'eu' em seu domínio. O corpo do virtuose não sai recomposto, mas simplesmente glorificado" (SZENDY. *Membres fantômes: des corps musiciens*, p. 14).

[241] CHOPIN. *Esquisses pour une méthode de piano*, p. 74.

primeira pentatônica da escala fundamental de dó maior. Trata-se de elevar o próprio corpo a princípio normativo, de produzir a expressão a partir da liberação do corpo da posição de mero apêndice repetidor da normatividade interna ao sistema. Essa liberação é o que permite criar uma gradação de colorações até então desconhecidas, nunca ouvidas, que fornecerão possibilidades construtivas para a escrita pianística. Isso nos explica por que:

> A maior parte dos *Estudos* de Chopin são estudos sobre colorações, e a dificuldade técnica concerne, na maior parte dos casos, mais à qualidade do toque do que à acurácia ou à velocidade. Essa implicação com as colorações responde à importância a insistência de Chopin nas diferentes funções dos diferentes dedos.[242]

Nesse sentido, basta perceber como Chopin trabalha a melodia do toque do quinto dedo, o dedo cujo controle é o mais difícil, o dedo mais frágil, em sua contraposição à massa quase indefinível composta pelas figuras de *arpeggio*, no primeiro estudo do *Opus 25*. A função maior desse primeiro estudo é a diferenciação do toque e as possibilidades construtivas que tal diferenciação revela.[243] A modulação das intensidades deve obedecer a um sistema de diferenciação do quinto dedo e de indeferenciação generalizada dos demais. O intérprete deve saber trabalhar a melodia do quinto dedo de forma igual e privilegiando o *legato* das frases musicais.

Dessa forma, aprende-se a elaboração de uma disciplina sobre si capaz de produzir diferenciação a partir da distribuição singular de intensidades e da criação de contraposições lá onde até então havia apenas uniformidade. Há assim no primeiro estudo do *Opus 25* a produção de um gesto musical vinculado à criação de coloraturas específicas para cada dedo. Produção que exige

---

[242] ROSEN. *The Romantic Generation*, p. 371.

[243] Não será um acaso que, décadas depois, Debussy começará seus *Estudos para piano* com uma crítica ao dedilhado: "Intencionalmente, os *Estudos* presentes não contém dedilhado algum, e eis brevemente a razão: impor um dedilhado não pode logicamente se adaptar às conformações diferentes da mão. A pianística moderna acreditou resolver tal questão sobrepondo vários dedilhados; o que só provoca embaraço... A música toma assim o aspecto de uma operação estranha na qual, por um fenômeno inexplicável, os dedos devem se multiplicar" (DEBUSSY. *Études pour piano*, p. 1).

soltar os braços, colocar ar nos dedos, ao mesmo tempo que se preservam as falangetas vivas que darão precisão e luz. Não se deve aproximar muito o tronco do piano, mas ao contrário distanciá-lo um pouco, de forma a permitir ao braço se abrir e assim se soltar melhor.[244]

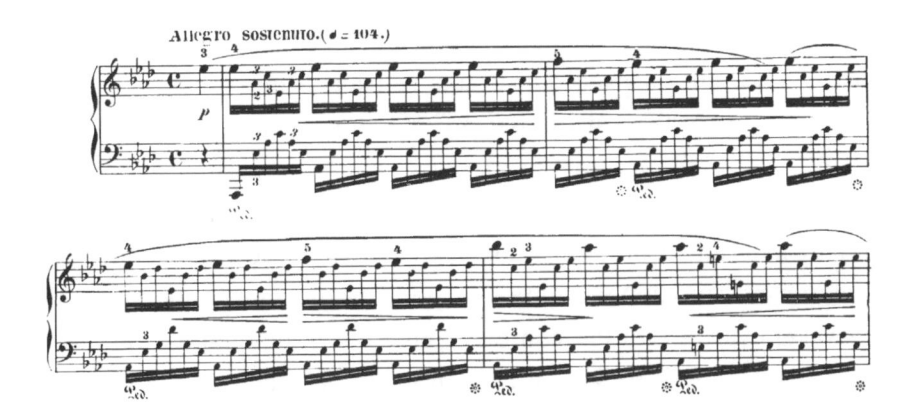

Não deixa de ser interessante lembrar aqui como a música contemporânea foi sensível a essa natureza fundamental do gesto musical que anima o princípio construtivo de Chopin e enraíza sua linguagem musical. Tomemos, por exemplo, a seguinte afirmação do compositor húngaro György Ligeti à ocasião de uma explanação a respeito de seus *Estudos para piano*:

> Para uma peça ser bem resolvida para o piano, conceitos táteis são quase tão importantes quanto conceitos acústicos [...]. Um giro melódico ou uma figura de acompanhamento chopinesco não é apenas ouvido, mas é também sentido como uma forma tátil, como a sucessão de excertos musculares. Uma peça de piano bem formada produz prazer físico.[245]

Se uma peça pode produzir prazer físico, é porque ela esculpe a dinâmica dos corpos, ela produz certo esquema corporal que ganha realidade através da repetição de movimentos. Essa inscrição da corporeidade em um processo de produção de sons é uma forma importante de desvelamento da existência de certa expressão corporal resultante de uma verdadeira

---

[244] DESCHAUSSÉES. *Frédéric Chopin: 24 Études: vers une interprétation,* p. 95.

[245] LIGETI. Études pour piano. In: *Works for Piano,* p. 9.

"disciplina de artista", ligada a um trabalho sobre si que faz do corpo o campo de desdobramento daquilo que Ligeti chama de "conceito táteis".

Mas há algo mais do que produção de um esquematismo corporal em Chopin, e é esse ponto que merece nossa atenção. Se é verdade que, "nos *Estudos* de Chopin, o momento de maior tensão emocional é geralmente aquele que a mão é alongada da maneira mais dolorosa, de maneira que a sensação muscular se transforme – mesmo sem o som – em uma mímesis da paixão",[246] é porque, muitas vezes, essa escultura da dinâmica dos corpos não é apenas a constituição de uma regularidade, mas também o aprendizado das paixões naquilo que elas têm de mais amedrontador, ou seja, na confrontação com o ponto no qual tensão emocional e limite corporal se tocam. Limite corporal visível em vários estudos, como o *Opus 10, n. 1*, no qual os *arpeggios* são constituídos de intervalos de oitava, quinta, quarta e terça a serem tocados em extrema velocidade (tempo de 176 para as semínimas). O que leva o intérprete ao exercício, no limite do possível, de tentar "reduzir os espaçamentos [*écarts*] até negá-los".[247] Pequenas e grandes distâncias intervalares devem ser tratadas em uma única dinâmica, sob risco de produzir anquilose.

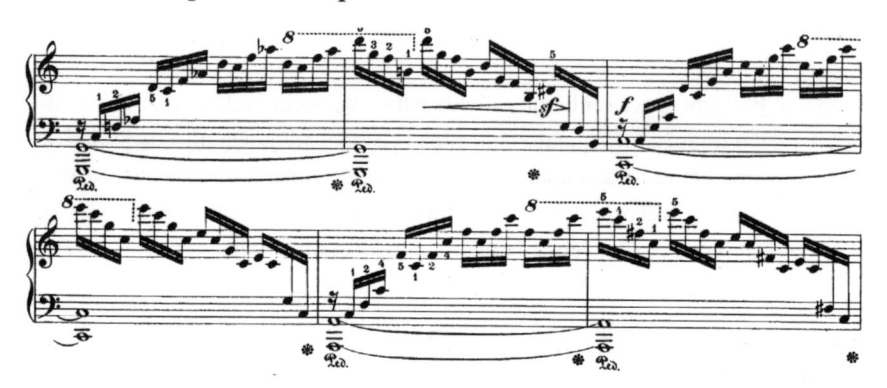

---

[246] ROSEN. *The Romantic Generation*, p. 383. Sobre o estudo *Opus* 10, n. 1: "a escritura larga e fonte de espaçamentos pode engendrar problemas físicos importantes. A solução é suprimir fisicamente essa noção de espaçamento através da transposição imediata do peso de um dedo para o próximo, a mão se fechando o mais rápido e a palma se esvaziando" (DESCHAUSSÉES. *Frédéric Chopin: 24 Études: vers une interpretation*, p. 23).

[247] BOUCOURECHLIEV. *Regard sur Chopin*, p. 105.

Tal estudo não é apenas o ensino da regularidade, mas também o desenvolvimento da confrontação com o limite. Ele não se contenta em ser o conjunto de condições para o desenvolvimento da virtuose pianística, mas é o *desenvolvimento da forma musical enquanto passagem em direção ao limite*, como se a realização da forma e sua própria dissolução fossem processos indissociáveis. Por isso, tal gramática musical não é apenas um exercício de virtuose, mas também a conquista da expressividade através da reversão da normatividade em princípio de desconstituição da própria forma. Essa dialética é uma das características maiores da expressão romântica e diz muito a respeito da maneira como a experiência estética poderá a partir de então ser elevada à condição de modelo social de liberdade. Pois *liberdade aqui é indissociável da capacidade de operar o manejo de uma dialética rigorosa entre constituição e desconstituição.*

Violência, dissociações e equilíbrios

Analisemos dois exemplos maiores a esse respeito, a saber, o *Opus 10, n. 12* (1833) e o *Opus 25, n. 12* (1837). O que os une é, acima de tudo, uma mesma caraterística construtiva. Trata-se de estudos cuja célula elementar é a repetição de um gesto. Nos dois casos, toda a peça é baseada em um gesto ascendente e descendente normalmente desenvolvido para mostrar como o pianista deve "tomar posse" da extensão do teclado. O *Opus 10, n. 12* tem, além desses gestos de *arpeggios* ascendentes e descendentes, o movimento de escalas descendentes, claramente ouvido nos oito primeiros compassos e retomado tanto na primeira reexposição dos temas quanto ao final. Nesse sentido, o que ouvimos na peça é a manifestação de um gesto pianístico fundamental que garante coerência de desenvolvimento e unidade estrutural à obra. Como se o gesto fosse a célula elementar do nascimento de toda significação possível, a base de toda e qualquer linguagem expressiva, o "ser bruto" da língua liberado agora de sua condição de "objeto" potencial.

Mas há dois pontos fundamentais aqui. Primeiramente, uma análise do *Opus 10, n. 12* demonstra como o estudo se estrutura, desde seu início, através de uma ideia de máximo tensionamento. Ele apresenta uma introdução que começa com um acorde na sensível de dó menor e um *glissando* descendente.

O acorde é recuperado sempre uma terça acima até se resolver, depois de uma tensão que dura oito compassos e termina em uma monofonia descendente, em um *arpeggio* na tônica de dó. Mas a mão esquerda está em velocidade tal que não pode mais ser descrita como fornecendo algo que se assemelha a um acompanhamento que se subordina à melodia. De fato, entre os compassos 10 e 28, os *arpeggios* ascendentes e descendentes ainda "mimetizam" uma estrutura tradicional de subordinação. Mas há algo aqui completamente diferente.

Comparemos, por exemplo, com o uso das mesmas figuras no *Moderato cantabile* da *Fantaisie-Impromptu*, *Opus 66*, de Chopin.

Nesse caso, a figura musical está claramente no interior de sua função, ela é usada de forma a sustentar o desenvolvimento melódico de maneira claramente subordinada. Já nos compassos em questão do estudo *Opus 10, n. 12*, a velocidade extrema e a intensidade a que a mão esquerda está submetida, em contraposição à continuidade da mão direita, funcionam como uma espécie de distorção da função inicial das figuras musicais. Ou seja, elas estão saturadas e em desconstituição semântica.[248] Há um crescimento por saturação até os compassos 29 a 41, em que não há mais nada que possa ser descrito como se referindo a acompanhamento, nem se trata por isso de uma estrutura tradicional de contraponto, pois não há exatamente uma outra "voz" na mão esquerda.

A submissão das figuras musicais a um trabalho cada vez mais extremo de velocidade e intensidade retira-lhes o caráter de voz para as aproximar de algo, de certa forma, anterior à voz de um sujeito. A continuidade ininterrupta desse trabalho da mão esquerda, em oposição à

---

248 Sobre as mutações semânticas dos acordes arpejados, lembremos como: "as figuras arpejadas limitam-se, antes de 1780, à sustentação de um perfil melódico que toma conta do interesse principal. Quebrando-se em ondas ascendentes e descendentes sobre a totalidade do teclado, elas isolam, em certas páginas de Beethoven e Chopin, um sítio modulante instável, no qual o poder absoluto de uma cantinela *acompanhada* desaparece. Os vastos *arpeggios* de *Fogos de artifício*, de Debussy, chegarão a chamar a atenção para restos de tempo musical, selecionados por seu valor intrínseco" (BIGET. *Le geste pianistique*, p. 10). Na verdade, com Debussy acontece algo parecido ao que vimos com Kandinsky: os materiais anteriormente vinculados à constituição de objetos ganham autonomia e potência construtiva própria. As figuras arpejadas são como as cores que desenvolvem função própria.

firmeza da técnica de braço da mão direita, faz de toda a sequência da mão esquerda algo abaixo da incorporação da música à voz. Há que sentir essa impessoalidade, essa despersonalização em emergência para interpretar de forma correta a peça. Há que parar, ao menos por um momento, de se perceber como portador de "vozes" que se agenciam em um diálogo.

Assim, em vez da subordinação das vozes, em vez das vozes em contraponto, temos algo como uma espécie de fluxo intensivo cortado pelo trabalho da mão direita com pontuações que paulatinamente constituem uma série melódica extraída da transcrição pianística de uma gestualidade em explosão. Como se estivéssemos diante de um fundamento que, em vez de operar por semelhança ao fundado, é a forma mesma do que não permite construção alguma por relações de semelhanças. O que demonstra quão errado estava René Leibowitz ao dizer que, em Chopin, a escritura não ultrapassa nunca o solo da melodia acompanhada.

Tal construção através de cortes é, pois, a expressão de um segundo princípio que se descola do princípio meramente gestual da mão esquerda. A mão esquerda apresenta uma intensidade em limite contínuo e uniforme, enquanto a mão direita é capaz de operar por contrastes, tal como vemos no contraste que suporta a relação antecendente-consequente das células motívicas dos compassos 10, 11 e 12.

Essa operação por contrastes, que aparecerá em outros momentos da peça, indica um modelo de construção e controle estranho ao fluxo contínuo e indiferenciado da mão esquerda. É por levar em conta tal dinâmica de agenciamento de contradições que podemos dizer que poucas foram as peças musicais que expuseram de forma tão evidente a estrutura da *expressão romântica como elaboração da contradição posta entre indeterminação e determinação*, como elaboração singular de modalidades de controle do que aparece como impulso [*Drang*]. Como se interpretar um estudo como esse exigisse do pianista perceber-se entrar em um movimento de dissociação, chegar ao limiar de um descontrole que, apesar disso, deverá ser calculado e conscientemente produzido. Essa forma da expressão musical como subjetivação de processos que, no interior da linguagem musical, estão, de certa maneira, em desconstituição semântica por expressarem o que força a forma musical em direção ao informe fazem da experiência estética uma relação constitutiva à heteronomia.

Podemos encontrar o mesmo princípio construtivo de integração de processos abaixo da significação, de outra maneira, no estudo *Opus 25, n. 6* e seus tremolos de terças na mão direita. Aqui, os tremolos, ou seja, um ornamento que serve inicialmente de floreio, ganham extensão desproporcional, transformando-se em material musical dotado de autonomia própria.

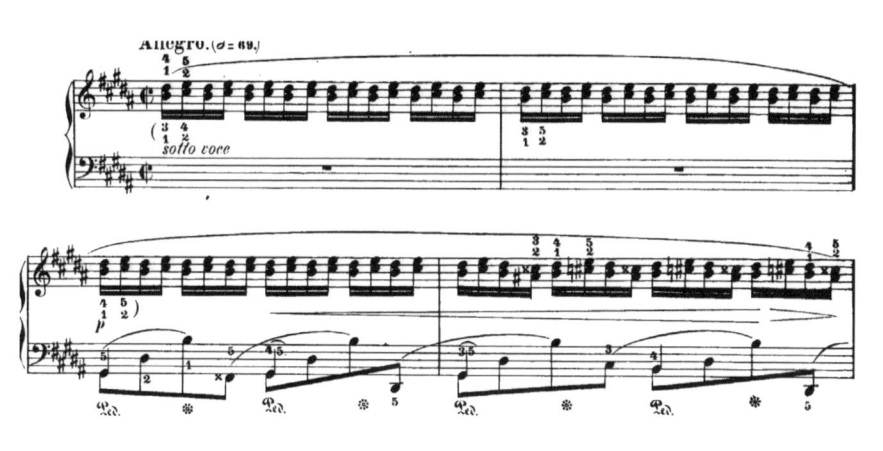

Mas é certamente o estudo *Opus 25, n. 10* que mais claramente desenvolve o modelo de construção que encontramos no *Opus 10, n. 12*. Dividido em três partes, sua primeira parte é claramente uma abolição perfeita das noções de subordinação e hierarquia que fornecem o modelo de organização da progressão harmônica do sistema tonal.

Apresentando duas séries de oitavas em deslizamento contínuo, sua complexidade vem do fato de o intérprete dever tocar oitavas em *legato*, e não em *staccato*, como é normalmente o caso. Os braços exigem algo que um dia Alfred Cortot chamou de "movimento de gaveta". Essa primeira parte tem como função a posição do princípio de indeterminação

que será controlado na segunda parte, na qual as sequências de oitava se concentram na mão direita para liberar a mão esquerda a retornar, momentaneamente, à sua condição de voz subordinada.

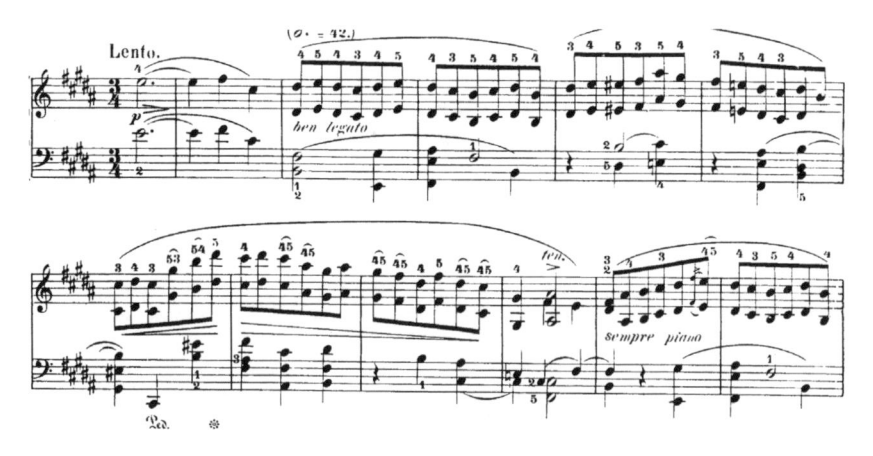

O contraste brutal entre a primeira e a segunda parte tem uma função clara. Tudo se passa como se Chopin quisesse expor o mesmo princípio construtivo (sequências de oitavas) em sua expressão monstruosa, em um fluxo marcial em 4/4 com articulação desprovida de hierarquia e em sua inscrição controlada em um ritmo 3/4 com vozes subordinadas. Assim, a monstruosidade se transforma em dança. Como se fosse questão de evidenciar como as oposições se dissolvem em uma transvaloração contínua e reversível.

Essa ideia musical de apresentação sequencial de materiais inicialmente em sua forma quase assignificativa e posteriormente em sua construção realizada pode ser também encontrada, sob outra forma, no

Opus 25, n. 5. Composto claramente em três partes, sua primeira parte é um exemplo do uso da ironia em música. Seu motivo elementar é composto de acordes arpejados e sequências de notas de passagem em segunda menor, criando uma sequência de dissonâncias e de impressão de "falsas notas".

A indicação de *scherzando* na partitura indica que ela deve ser tocada no limite do caricato e mecânico. Há uma clara ironia, acentuada na forma como a primeira parte termina de forma abrupta e impaciente. O tema que aparece na segunda parte guarda relações morfológicas com o primeiro, mas as "falsas notas" desapareceram, criando assim uma sequência de terças em continuidade. Esse jogo de contraste entre caracteres musicais, entre o rígido e o fluido, é produzido a partir dos mesmos elementos.

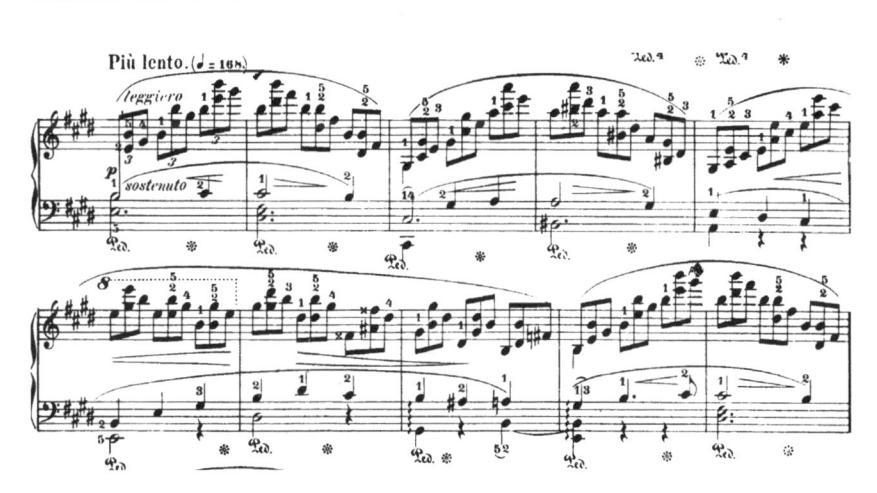

Como disse anteriormente, há, além dessa relação dialética tensa entre forma e informe, outro ponto a ser salientado, a saber, o aprendizado da dissociação, em especial da dissociação temporal. Há uma dissociação latente, por exemplo, no *Opus 25, n. 12*. A mão direita normalmente move-se em intervalos de terça e de oitava, isso enquanto a mão esquerda se move em intervalos de quinta e oitava. Dessa forma, teríamos uma peça construída a partir dos intervalos mais elementares, ou seja, aqueles próprios a um acorde perfeito. No entanto, a melodia que se constrói a partir das primeiras notas da sequência baseia-se em intervalos dissonantes (terça menor, segunda, quarta) que se resolvem em uma consonância de oitava ou em uma consonância de quinta. Ou seja, a peça exige do intérprete a capacidade de operar, ao mesmo tempo, a partir de dois princípios em oposição.

Mas seria necessário salientar, nesse sentido, principalmente o primeiro dos *Três novos estudos*. Notemos, por exemplo, como ele é construído a partir de uma dupla estrutura simultânea. Os quatro primeiros compassos apresentam uma divisão do tempo 2/2 em duas tercinas de semínima a serem tocadas pela mão direita. Os quatro compassos seguintes levam a mão esquerda a se acostumar à divisão do mesmo tempo em oito colcheias. Do nono compasso em diante, toda a peça será a sobreposição entre o tempo de seis semínimas da mão direita e o tempo de oito colcheias da mão esquerda.

Ou seja, a mão esquerda "conta" o tempo em dois grupos de três, a mão direita "conta" em dois grupos de quatro, como se houvesse duas formas de cortar o mesmo espaço que se desdobram simultaneamente. Tanto é assim que, com uma única exceção, a peça toda é composta com notas do mesmo valor, como se fosse o caso de produzir uma continuidade temporal em forma de fluxo. Com isso, a peça consegue criar uma espécie de *equilíbrio sob o fundo de desequilíbrio*. Como se a função determinante do estudo fosse levar o intérprete a viver em dissociação sem com isso perder a capacidade de produzir a impressão de se estar no interior de uma duração. *Uma duração sob o fundo de dissociação*, na qual é impossível contar, pois há duas contagens sendo feitas simultaneamente.

A expressão da heteronomia

Nas notas redigidas para a elaboração de um método de piano, Chopin escreveu: "A palavra indefinida (indeterminada) do homem é o som"/ "A língua indefinida: a música".[249] Chopin não poderia ser mais romântico nessa forma de elevar a indeterminação à condição de processo fundamental da linguagem musical. No entanto, há que não esquecer como tal elevação é peça maior da estratégia de dar à experiência estética a condição de forma paradigmática da emancipação social. Pois insistamos mais uma vez que essa língua indefinida própria à música será o veículo de uma sensibilidade outra. Se a música a partir do romantismo associa de forma tão clara a expressão ao fragmentário, à ruptura, à não conformação a princípios construtivos, à exaustão do limite, a desconstituições semânticas, a críticas às formas gerais do classicismo, é porque ela será, de forma cada vez mais evidente, expressão da crítica à linguagem reificada da vida ordinária, linguagem esta submetida aos imperativos comunicacionais e seus modos de constituição de objetos.

Esses processos visíveis no fundamento da estética romântica ganharão vida própria para além do romantismo, não apenas no interior da Segunda Escola de Viena, mas mesmo para além dela. Há que salientar esse ponto, pois poderia parecer que principalmente a partir do serialismo, a expressão musical não teria mais lugar. No entanto, não é correto dizer que a expressão deixaria de ser um conceito estético central depois

---

[249] CHOPIN. *Esquisses pour une méthode de piano*, p. 48.

que, como dizia Boulez, "Schönberg morreu". O recurso ao serialismo, à inexpressão (como na música de indeterminação de John Cage ou no objetivismo irônico de Stravinsky) ou mesmo ao maquinismo em suas versões múltiplas na história moderna da música (de Conlon Nancarrow, por exemplo) pode significar mudanças radicais no regime de similitude da música à linguisticidade ["*Sprachähnlichkeit*"], como diria Adorno.[250] Mas é possível levantar como hipótese que tais estratégias podem, por sua vez, ser lidas no interior de uma dialética necessária para a recuperação da potencialidade não intencional da expressão.

É claro que podemos encontrar tendências importantes da música contemporânea que visam transformar a experiência estética em experiência, ao mesmo tempo, não vinculada de maneira estrita a funções sociais exteriores e não dependente de uma estética dos sentimentos própria a uma concepção de sujeito fortemente egológica. Nesse sentido, não é mero acaso que momentos decisivos da arte modernista tenham sido animados pela luta contra a expressão e o estilo. Tais momentos denunciaram o estilo como depositário de uma gramática reificada de formas, assim como a expressão musical aparece como a tentativa de fetichizar uma "segunda natureza" que teria se cristalizado através de uma gramática fixa dos modos de afecção.

Por isso, é certo afirmar que algumas obras maiores da experiência musical no século XX são desprovidas de expressão, mas não por elas serem "desprovidas de alma" ou "desprovidas de vida", como o senso comum gosta muitas vezes de dizer. Como se tais obras fossem culpadas por não cultivarem a proximidade semântica com operadores linguísticos da vida ordinária, da gramática ordinária de nossos afetos e da narratividade de nossa temporalidade. Por exemplo, *Structure 1a*, de Pierre Boulez, era certa e deliberadamente desprovida de expressão, pois procurava realizar uma estratégia crítica claramente definida. Da mesma forma como era desprovido de expressão, por razões diversas, o *Concerto para piano*, de John Cage.

Na peça de Boulez, o procedimento serial aplicado às alturas, intensidade, duração e ritmo produz uma peça que consegue se liberar por completo dos elementos gramaticais de desenvolvimento e de movimento até então naturalizados. Por isso, a peça privilegia notas isoladas que tecem entre si relações decididas basicamente a partir de serializações

---

[250] Ver, por exemplo, WELLMER. *Versuch über Musik und Sprache*, p. 7-14.

e submetidas ao automatismo de encontros sincrônicos não totalmente controláveis. A impressão pontilhista da peça faz com que

> a sucessão dos sons se torne mais ou menos indiferente, abolindo praticamente todo resto de "melodia" (e ainda mais radicalmente que na música de Webern, na qual restos de "melodia expressiva" – mesmo se eram apenas restos – se prendiam ao esqueleto da estrutura).[251]

Se há uma peça que expõe a eliminação de toda afinidade mimética do material musical com a linguagem extramusical, certamente essa peça é *Structure 1a*.

Mas diria que obras como essa são desprovidas de expressão não por terem abandonado todos os elementos gramaticas ordenadores do tempo musical e que aproximam a logicidade musical da expressão linguística (como as relações antecedente-consequente, dissonância-resolução, as repetições de motivos e elementos acessíveis à percepção musical do ouvinte).[252] Elas são desprovidas de expressão por desconhecerem princípios de tensão interna entre seus materiais e as disposições construtivas que dão coesão à obra. Mesmo uma racionalidade musical baseada no uso restrito de categorias como repetição, periodicidade, variação, decisão e automatismo (como no serialismo e no pós-serialismo) pode se afastar da tematização explícita do problema da expressão sem desqualificar necessariamente seu possível retorno em um nível menos reificado. É isso que faz o próprio Boulez em um momento posterior, com *explosante-fixe*, por exemplo, e sua tensão entre construção e organicidade do instrumento solista (não por acaso, um instrumento de sopro, o mais próximo da voz humana). Mas obras que anularem a tensão entre tendências internas aos materiais e construção, que transformarem os materiais em disposição integral da forma, repetirão um princípio de dominação contra o qual a noção de expressão musical se bate desde a época que Chopin lutava contra os dedos de seus contemporâneos.

---

[251] LIGETI. *Neuf essais sur la musique*, p. 113.

[252] Até porque vale aquilo que diz Wellmer a respeito de *Structures 1ª*, de Boulez: "Nesse uso do *tópos* da linguagem, as primeiras tentativas seriais aparecem, tal como a *Structure 1a* de Boulez, como tentativas de construir uma nova linguagem musical e não, como Adorno estava, pelo menos temporariamente, inclinado a acreditar, como uma ameaça à linguisticidade (*Sprachähnlichkeit*) de música" (WELLMER. *Versuch über Musik und Sprache*, p. 49).

EXCERTO

Dar a sombra

O poema se afirma à borda de si mesmo.
Paul Celan

Este livro prefere terminar com um salto, o que não é estranho, levando-se em conta o conteúdo do qual ele trata. Trata-se de um salto em direção ao poema. De forma mais específica, a uma figura contemporânea do poema que guarda e coloca em operação muito do horizonte de questões que se desdobrou nesta reflexão sobre a experiência estética como modelo de emancipação social. De forma ainda mais específica, um salto em direção à poética de Paul Celan. De certo modo, o livro termina em um esboço de horizonte de produção que ultrapassa o limite que acabou por se impor a este volume, a saber, o século XIX.

Como foi anunciado na nota introdutória, este é apenas o primeiro bloco de um livro composto de mais dois blocos. Os outros dois devem versar sobre o modernismo e sobre a produção contemporânea. Mas esse despedaçamento consentido pede também saltos para a frente e para trás. Pois se trata de insistir em operar com dinâmicas de continuidade e descontinuidade no interior da produção artística. Nesse caso, o salto para a frente é uma indagação sobre as possibilidades do poema. Uma indagação através de Paul Celan.

Em limiar

De limiar em limiar é o título de um dos livros de Paul Celan. Um título que expressa a consciência do lugar social que a poesia poderia ocupar a partir de então (estávamos em 1955). Caminhar de limiar em limiar, ir em direção ao limiar, porque não há mais lugar algum no qual a linguagem poderia realmente habitar a não ser o limite. São vários os poemas nos quais a consciência desse movimento entre limiares emerge. Um deles é "Fala também você":

Fala –
Mas não separa o não do sim.
Dá a seu dizer também o sentido:
dá-lhe a sombra.

Dá-lhe sombra suficiente,
dá-lhe tanta,
quanta sabes repartida em torno de ti entre
Meio-dia e meia-noite e meio-dia.

Olha em volta:
vê, como isso ganha vida ao redor
Na morte! Vivo!
Quem fala sombras fala a verdade

O sentido só emerge nesse limiar que não separa o não do sim, que desmente a transparência da linguagem, como uma sombra. Em outro poema, Celan dirá: "Falar com becos sem saída/ sobre o defronte/ sobre seu/ expatriado/ significado". Se há que falar com becos sem saída, falar sobre o que se coloca em oposição (em *"gegenüber"* ouve-se o *"gegen"* que indica o que está contra), é porque há um significado, há uma palavra sem pátria, sem bandeira, que se torna possível só quando as saídas se esgotaram. Pois há um sentido que é a sombra que faz desabar o meio-dia e a meia-noite, que está em ambas as horas, que leva ao ponto de esgotamento as divisões que nos orientam na organização do tempo, entre o dia e a noite, entre a vida e a morte. Ou seja, longe de aparecer como um fundamento que nos permitiria operar partilhas, o sentido mais se assemelha a um abismo do qual trazemos, muitas vezes, poemas sem verso, palavras sem conectivos, palavras ainda em estado bruto de condensação. Essa sombra é a forma de enunciação da verdade (o que implica uma aceitação da relação entre poesia e verdade), enunciação da qual o poema não se desespera, mas caminha até o limiar para enunciá-la. Uma enunciação que, para se sustentar, precisa preservar apenas o ritmo e a repetição, e nada mais. Esse ritmo de evocação lenta e prece seca que marcará sempre a poesia de Celan, tão evidente quando ouvimos sua própria fala, sua própria forma de recitar. Esse ritmo de repetição insistente, como quem sabe necessário continuar, mesmo sem clareza, como quem confia na pulsação própria à palavra que mais se aproxima da respiração.

Não será por acaso que o título de outro livro de Celan será *Atemwende*, que pode ser traduzido por *Mudança de respiração*. Como se tratasse de procurar esse ponto no qual a enunciação do poema exige e produz uma mudança de respiração que não é outra coisa senão a possibilidade de enfim ouvir a respiração que sustenta a fala, seu ritmo, seu não parar de forma alguma, mesmo que à custa de transformar a ausência de fôlego em respiração renovada.

Da recusa da integração à inumanidade redimida

Essa experiência literária com seu confrontar irrefreável com os limiares foi imediatamente associada à catástrofe do Holocausto, ao qual Celan deu sua forma poética mais brutal em "Fuga da morte". Catástrofe que marcou sua vida, ele que teve seus pais mortos em campos de extermínio, enquanto fora enviado a um campo de trabalhos forçados. E não seria o caso de negar a consciência, em seus poemas, da violência da destruição a perpassar cada segundo da vida. Não poderia ser diferente para quem entra no mundo da poesia afirmando: "A morte é a mestra da Alemanha".

Mas a catástrofe não seria completa sem o esforço social sistemático por seu esquecimento. Por levar isso em conta, é mais correto afirmar que a poesia de Celan traz as marcas não apenas do Holocausto, mas também da recusa vigorosa das promessas de "integração", de "parceria", de "cooperação" que embalavam a reconstrução da Alemanha e seu "milagre" pós-guerra produzido pela dita economia social de mercado. Economia que trazia as marcas da continuidade entre assassinato, apagamento e integração. Economia que era a continuação do esquecimento por outros meios.

Esses poemas foram escritos, em sua maioria, entre os anos 1950 e 1960. O milagre alemão, com seus cânticos de crescimento e reconciliação, é seu pano de fundo. Pois as forças que haviam sido postas em mobilização total na guerra são novamente chamadas, mas agora para reconstruir o país, para apagar as ruínas, tal como *O casamento de Maria Braun*, de Rainer Werner Fassbinder, em que, a partir de certo momento, ouve-se de todos os lados o barulho de britadeiras e esmeril. O último capítulo da violência é agora escrito ao som de britadeira e esmeril.

O horizonte social desses poemas é a mobilização total, a guerra total, a reconstrução total. Em todos os casos, a mesma totalidade sem resto e desperdício, sem sombra e sentido. A mesma totalidade que, para um leitor precoce dos anarquistas Kropotkin e Landauer, equivalia à perpetuação da morte. Pois essa totalidade não é apenas o horizonte do fascismo, ela é também o nome de nossa real catástrofe. Uma catástrofe que está entre nós, que habita nossa linguagem como sua "comunicação" pretensamente cristalina, sem restos e sombras, como nossa figura histórica e antropológica do "homem" com seu "desenvolvimento" e o uso funcional de suas forças e potências. É contra isso que devemos dizer, como em *Fiapossóis* [*Fadensonnen*]:

> Sobre o terreno baldio cinzanegro
> Um alto-
> árvore pensamento
> se agarra à luzsom: há
> ainda canções e cantar para além
> dos homens

O pensamento que encontra a certeza de que, para além dos homens, para além da humanidade atual do homem, há música e canto é um pensamento que emerge sobre o terreno baldio, sobre esses espaços que recusam todo habitar, pois portam as marcas de onde tudo se abandona. Espaços nos quais não se constrói nada, que permanece vago, inocupado entre uma construção e outra. É deles que vêm, no entanto, as cores que se confundem [*grauschwarzen*], é colocando-se nesses lugares que se pode ouvir luz e ver som, como se aqui não houvesse mais distinção possível entre ondas de toda natureza (transversais, longitudinais). Espaços nos quais as posições sintáticas se desorganizaram, permitindo que um substantivo se acople a um adjetivo para adjetivar um segundo substantivo [*baumhoher Gedanke*]. Principalmente, espaço no qual as coisas podem se mostrar em seu devir contínuo ("É tempo que a pedra se conforte em florescer/ que ao desassossego palpite um coração/ É tempo do tempo vir a ser/ É tempo"). É tempo de a pedra tornar-se florescimento, devir o que não é sequer um possível de si. Uma linguagem que fala dessas passagens é a única capaz de forçar seus limiares.

Daqui para frente, será apenas desses espaços que virá a poesia, será desses espaços que virá a procura de canções que não foram feitas para serem cantadas pelos que portam a figura atual do humano. Por isso, essa poesia deverá ter uma singular inumanidade redimida. São canções inumanas, é verdade, mas de uma inumanidade redimida. Elas falam do que o "homem" teima em desconhecer e esquecer. Pois ela canta, como no poema "Onde há gelo":

> Onde há gelo, há frieza para dois.
> Para dois: assim eu te deixei aproximar.
> Um halo como de fogo havia ao seu redor
> Você vem lá da rosa.

Não há por que procurar salvar o humano, preservar seus lugares de acolhimento. Há, ao contrário, que procurar de maneira obstinada a inumanidade dos lugares onde há gelo, para que ele se transfigure em uma "frieza para dois", que não é, como podíamos esperar, uma distância que se reparte entre dois, mas encontro possível no qual enfim irrompe uma aproximação real. No universo de Celan, anda-se de cabeça para baixo. Pois: "quem anda de cabeça para baixo tem o céu como abismo". Em Celan, como em Mallarmé, poeta ao qual ele deve tanto e que traduziu, céu não é apenas o lugar no qual brilham as estrelas, mas também onde o firmamento se confunde com o mar, com seu fundo de correntezas invisíveis, de caminhos nunca totalmente claros.

Voltar para casa depois que a origem se arruinou

Como se vê, não seria correto ver nessa poesia a declinação infinita de uma elegia, da elevação moral do irreconciliável, como várias vezes se disse. Passa ao largo de sua potência de criação quem declina a ontologia da inadequação diante dessas palavras arrancadas a fórceps do silêncio. Pois isso seria ir contra as próprias palavras de Celan, para quem a poesia portava uma obscuridade que era, na verdade, a única condição possível para "um encontro, a partir de uma distância ou estranheza".

Em uma troca de sinais, a obscuridade é condição de um encontro que só ocorre quando "todos os tropos e metáforas querem ser levados *ad absurdum*". E, de fato, toda a sua poesia é atravessada por processos nos quais amantes se escavam até encontrarem um anel que nasce em seus dedos, anéis que são os próprios dedos ("Você escava e eu escavo, e eu me escavo rumo a ti/ E do dedo desperta-nos o anel"). Processos nos quais nomes que fracassam acabam por tocar o que é nomeado em um último esgar, no instante onde tudo parecia esgotado ("No azul/ ela diz uma sombrapromissora palavrárvore/ e o nome de teu amor/ acrescenta suas sílabas"). Volta aqui a sombra que permite ao nome do teu amor acrescentar suas sílabas.

Isso nos permite melhor compreender essa descrição que Celan fornece da poética:

> Mas ao mesmo tempo são também, em tantos outros caminhos, caminhos nos quais a língua se torna sonora, são encontros, encontros de uma voz com um Tu perceptível, caminhos de criaturas, esboços de existência talvez, um antecipar-se para si mesmo, à procura de si mesmo […]. Uma espécie de volta à casa.[253]

A poética de uma língua que, ao se tornar sonora e potência significante, não cai em mero "formalismo" (como alguns teimam em nos fazer acreditar), mas expressa a experiência de um encontro que parece nos dizer algo sobre uma "espécie de volta à casa".

Como bem percebeu Alain Badiou, talvez nenhum poema tenha deixado isso tão claro quanto "Anábase", título de uma peça de Xenofonte sobre uma tropa de gregos mercenários contratados para guerrear na Pérsia que, depois de perder seu general, procura voltar para casa:

> Esse
> Acima e de volta
> no futuro brilhantecoração
> intransitável-verdadeiro

[253] CELAN. O meridiano. In: *Cristal*, p. 179.

escrito estreito entre muros
Lá

Sílabas-
toupeiras, cor-
mar, longe
no não navegado

Então:
Boias
Treliças de boias-tristeza,
com os
saltitantes belos por segundos
reflexos respiratórios: Luminosos
sons de sinos (dum,
dum, un,
unde suspirat
cor),
pro-
vocado, re-
vogado, nosso.

Visível, audível, a
Palavratenda que
Se liberta:

Juntos

O poema, que, ao final, enuncia o que se diz com essa palavratenda impossível, "juntos", só pode começar com uma escrita que procurará o espaço estreito entre muros, que se tornará sonora (pois o poema descreverá, em onomatopeias, os sons dos sinos, ele se lembrará do fim de um moteto de Mozart, *Exsultate, jubilate*, ele se tornará música), que assumirá a conjunção entre "verdadeiro" e "intransitável". Porque ele procura o que é sempre expulso da história, o que é intransitável. Só assim a junção que liberta, que liberta o futuro, pode ocorrer. Pois lembremos o início desse poema tão belamente analisado por Derrida e cujo título é, sintomaticamente, "Em um":

Treze de fevereiro. Na bocacoração
Desperta o Schibboleth. Com você,
Peuple de Paris. *No pasarán.*

Treze de fevereiro de 1962 foi o dia de massivas manifestações em Paris em decorrência do assassinato de oito manifestantes, dias antes, pela polícia de Maurice Papon. Quinhentas mil pessoas foram velar os mortos que protestavam contra a Guerra da Argélia e o Estado colonial francês. Celan começa com uma data para terminar a estrofe em outro tempo, em outra língua, a saber, esse grito dos republicanos e anarquistas espanhóis dos anos 1930 contra o fascismo de Franco. Entre eles, a palavra hebraica que define a passagem e a partilha dos inimigos e esse "*peuple* de Paris" que ressoa a Comuna de 1871. Sobreposição de línguas, sobreposição de tempos, sobreposição de lutas em uma contração benjaminiana da história que nos lembra que a única origem possível é o destino que se cria através da explosão do tempo, do espaço e das línguas em uma passagem contínua. Assim começa esse poema que nos diz o que é estar "em um". Pois a poesia que insiste nas sombras que trazem sentidos é a mesma que sabe que encontros reais são a projeção, para fora do representável, de um destino no qual as datas ressoam as tentativas nunca esquecidas do que ainda não existiu.

Conclusão

Como foi dito no início, a maioria dos livros contemporâneos sobre estética prefere desdobrar-se em dois grupos. Em um, temos livros que acreditam ser possível falar sobre arte sem adentrar a análise de obras de arte. Já no outro grupo temos análises estruturais sobre obras, mas dispostas em um campo de tamanha autossuficiência que as obras parecem poder ser objeto de reflexões ontológicas, longe de qualquer consideração sobre contextos sociais.

De fato, essa questão de método levou o autor deste livro a procurar estabelecer certa escrita bipolar. Ela partia da compreensão de que a forma estética é um setor privilegiado da história da razão. Por isso, este livro partiu da pressuposição de que a forma musical é produzida a partir de decisões sobre os protocolos de identidade e diferença entre elementos (consonância e dissonância), sobre os problemas de partilha entre o que é racional e o que é irracional (som e ruído), sobre o que é necessário e o que é contingente (desenvolvimento e acontecimento). Ela se produz ainda a partir de decisões sobre a relação entre razão e natureza (a música como mímesis das leis naturais ou como plano autônomo do que se afirma contra toda ilusão de naturalidade) e sobre os regimes de intuição no espaço e no tempo. É essa gama de dispositivos que nos permite afirmar que a forma musical nasce de uma decisão sobre os critérios válidos de racionalidade. Ela nos fornece algo como uma imagem do pensamento. Por isso, Schönberg poderá dizer: "uma mente bem treinada em lógica musical pode funcionar logicamente sob quaisquer circunstâncias".[254]

---

[254] SCHÖENBERG. *Style and Idea*, p. 86.

Tais considerações não valem apenas para a música, mas também para toda e qualquer forma estética. Estabelecendo protocolos construtivos de organização, de unidade, de relação e de síntese, a obra de arte fornece uma imagem de forte teor crítico em relação à ordem que vigora na vida social, assim como em relação à maneira de pensar o espaço, a identidade, o tempo. Quando a obra de arte critica a noção naturalizada de harmonia, quando ela abre espaço para uma multiplicidade de vozes em conflito e sem hierarquia, quando ela deixa entrar o que até então aparecia como irracional e bárbaro, ela faz necessariamente mais do que simplesmente mudar os padrões de fruição estética. Ela modifica a sensibilidade social para processos que podem ter fortes consequências políticas.

Mas, para que tal produção possa efetivamente ser compreendida em sua potencialidade imanente, há que explicitar o campo de obras que lhe induz. Por isso, este livro é atravessado pela bipolaridade de quem se vê entre a reflexão sobre o processo de criação interno às obras e a configuração estético-política de seu horizonte. Os próximos dois volumes seguirão esse movimento.

No entanto, alguém poderia se perguntar: Por que foi o caso, neste bloco, de contar a "mesma história" mais uma vez, com os mesmos personagens, essa história do desenvolvimento da forma autônoma no interior da tradição musical hegemônica? A pergunta é relevante, e seria então o caso de dizer que os mesmos personagens não são os mesmos personagens. Pois talvez essa história, de fato, nunca tenha sido contada. O que se contou foi a história da constituição de nossas formas de autolegislação, da pretensa força de nossa autonomia em ascensão. O que se contou foi como pretensamente teríamos nos tornado modernos. Mas não era isso o que estava acontecendo. O que aconteceu foi a emergência de uma práxis social, a saber, certa experiência estética, que preservou exigências de emancipação que a vida social não foi capaz de realizar, ou foi capaz de realizar apenas em momentos de insurreição revolucionária. Momentos que, mesmo breves, nunca se apagam. As obras de arte, a despeito da intenção e do horizonte político de seus autores e autoras, é um sistema de cicatrizes de promessas ainda não realizadas. Elas guardam as promessas que a vida social procura nos fazer esquecer ou acreditar que não podemos senti-las e pensá-las.

Mas, mesmo assim, talvez se quisesse continuar o questionamento lembrando que, de toda forma, o que se vê são as mesmas referências clássicas e suas posições paradigmáticas no interior de certa tradição que se elevou a algo que, confusamente, chama-se "nossa cultura". Diante disso, seria então o caso de continuar insistindo e lembrando que há várias maneiras de decompor mundos, e uma delas, talvez uma das mais necessárias, consiste em mostrar que a história que sempre nos contaram de fato nunca existiu dessa maneira, que ela escondia outra história. Maneira de mostrar como nossas figuras familiares guardam aquilo que temos de mais estranho e desestabilizador.

Novamente, alguém poderia levantar um "mas" e insistir que essa história poderia ter sido contada a partir de outros horizontes, com outros personagens. No que talvez a melhor resposta seria que sim, que isso poderia ser feito. Contada de várias perspectivas, em uma espécie de perspectivismo de combate. Mas isso não elimina o fato da subversão das categorias estabelecidas, a erosão de tais categorias por uma reversão interna é um dos movimentos mais necessários do pensamento crítico. Cada um luta com as armas que tem. Várias histórias simultâneas não nos obrigam a recusar que todas elas tenham conteúdo de verdade. É uma questão apenas de mudar de nível, e as incompatibilidades desaparecem.

Mesmo depois disso tudo se poderia, por fim, flexionar o questionamento em tom mais pessoal a fim de perguntar por que, no caso, eu quis particularmente essa história. Por que particularmente essa? Nesse caso, só me restaria ser obrigado a usar a primeira pessoa do singular e dizer que eu precisava acertar contas com aquilo que me faz desabar para cima desde que comecei a existir.

Referências

ADDISON, Joseph. The Pleasures of Imagination In: BOND, Donald (Org.). *Critical Essays from* The Spectator *by Joseph Addison.* Oxford: Oxford University Press, 1970.

ADORNO, Theodor. *Beethoven Philosophie der Musik.* Frankfurt: Suhrkamp, 2004.

ADORNO, Theodor. Ideias para a sociologia da música. In: *Benjamin, Habermas, Horkheimer, Adorno.* São Paulo: Abril Cultural, 1983. (Os pensadores.)

ADORNO, Theodor. *Indústria cultural.* São Paulo: Editora Unesp, 2020.

ADORNO, Theodor. *Introdução à sociologia da música.* São Paulo: Editora Unesp, 2010.

ADORNO, Theodor. *Klangfiguren: Musikalische Schriften I.* Frankfurt: Suhrkamp, 1959.

ADORNO, Theodor. *Minima moralia.* São Paulo: Ática, 1995.

ADORNO, Theodor. *Noten zur Literatur.* Frankfurt: Suhrkamp, 2004.

ADORNO, Theodor. *Quasi una fantasia.* São Paulo: Editora Unesp, 2019.

ADORNO, Theodor. *Sem diretriz: Parva Aesthetica.* São Paulo: Editora Unesp, 2021.

ADORNO, Theodor. *Teoria estética.* Frankfurt: Suhrkamp, 2019.

ADORNO, Theodor. *Três estudos sobre Hegel.* São Paulo: Editora Unesp, 2012.

ADORNO, Theodor. Über das Gegenwärtige Verhältnis von Philosophie und Musik. In: *Gesammelte Schriften.* Frankfurt: Suhrkamp, 1984.

ADORNO, Theodor; HORKHEIMER, Max. *Dialética do esclarecimento.* Rio de Janeiro: Jorge Zahar, 1991.

AGOSTINHO, Larissa. *A linguagem se refletindo: introdução à poética de Mallarmé.* São Paulo: Annablume, 2020.

ALMEIDA, Jorge. Liberdade e autonomia: repensando as formas da revolução em Beethoven. *Revista Limiar*, v. 7, n. 13, p. 13-27, 2020.

ARANTES, Otília; ARANTES, Paulo. *Um ponto cego no projeto moderno de Jürgen Habermas.* São Paulo: Brasiliense, 1992.

ARANTES, Paulo. *Ressentimento da dialética.* São Paulo: Paz e Terra, 1996.

ARANTES, Paulo. *Um departamento francês de ultramar.* São Paulo: Paz e Terra, 1996.

ARENDT, Hannah. *Lectures on Kant's Political Philosophy.* Chicago: The University of Chicago Press, 1992.

ARENDT, Hannah. *Sobre a revolução.* São Paulo: Companhia das Letras, 2005.

BADIOU, Alain. *Cinq leçons sur le cas Wagner.* Paris: Nous, 2010.

BADIOU, Alain. *Manuel d'inesthétique*. Paris: Seuil, 1998.

BATTEUX, Charles. *Les Beaux arts réduits à un même principe*. Paris: [s. n.], 1747.

BENJAMIN, Walter. *Magia e técnica, arte e política*. São Paulo: Brasiliense, 1987. p. 128. (Obras Escolhidas, I.)

BENJAMIN, Walter. *O conceito de crítica de arte no romantismo alemão*. São Paulo: Iluminuras, 2002.

BENJAMIN, Walter. *Origem do drama trágico alemão*. Belo Horizonte: Autêntica, 2013.

BERTRAM, Georg. *Kunst als menschliche Praxis: eine Ásthetik*. Frankfurt: Suhrkamp, 2014.

BIGET, Michelle. *Le geste pianistique: essai sur l'écriture du piano entre 1800 et 1930*. Mont-Saint-Aignan: Presses Universitaires de Rouen et du Havre, 1986.

BLUMLER, Jay; KATZ, Elihu. *The Uses of Mass Communications*. London: Sage, 1975.

BOUCOURECHLIEV, André. *Beethoven*. Paris: Seuil, 1963.

BOUCOURECHLIEV, André. *Regard sur Chopin*. Paris: Fayard, 1996.

BOULEZ, Pierre. *Apontamentos de aprendiz*. São Paulo: Perspectiva, 1995.

BOULEZ, Pierre. *Penser la musique aujourd'hui*. Paris: Gallimard, 1963.

BOURDIEU, Pierre. *Les règles de l'art: génèse et structure du champ littéraire*. Paris: Seuil, 1998.

BOURRIAUD, Nicolas. *Esthétique relationnelle*. Paris: Les Presses du Réel, 1998.

BRAUN, Christoph. Grenzen der Ratio, Grenzen der Soziologie: Anmerkungen zum "Musiksoziologen" Max Weber. *Archiv für Musikwissenschaft*, v. 51, n. 1, p. 1-25, 1994.

BRAUN, Christoph. *Max Webers "Musiksoziologie"*. Laaber: Laaber-Verlag, 1992.

BURKE, Edmund. *A Philosophical Enquiry into the Origin of Our Ideas of the Sublime and Beautiful*. Oxford: Oxford University Press, 1990.

BURKE, Edmund. Reflections on the Revolution in France. In: *The Portable Edmund Burke*. New York: Penguin, 1999.

CELAN, Paul. O meridiano. In: *Cristal*. São Paulo: Iluminuras, 1999.

CHABANON, Michel. *Éloge de M. Rameau*. Paris: Hachette Livre, 2003.

CHAPOUTOT, Johann. *La révolution culturelle nazie*. Paris: Gallimard, 2017.

CHARRAK, André. Rousseau et la matière de l'expression musicale. *Critique*, n. 639-640, 2000.

CHOPIN, Frédéric. *Esquisses pour une méthode de piano*. Paris: Flammarion, 1993.

CLARK, Timothy James. *Modernismos*. São Paulo: Cosac Naify, 2007.

DAHLHAUS, Carl. *L'idée de la musique absolue: une esthétique de la musique romantique*. Genebra: Contrechamps, 1997.

DAHLHAUS, Carl. *Between Romanticism and Modernism*. Berkeley: University of California Press, 1989.

DAHLHAUS, Carl. *Estética musical*. Lisboa: Edições 70, 1990.

DAHLHAUS, Carl. E. T. A. Hoffmanns Beethoven-Kritik und die Ästhetik des Erhabenen. *Archiv für Musikwissenschaft*, v. 38, p. 79-92, 1981.

DAHLHAUS, Carl. *Ludwig van Beethoven: Approaches to His Music*. New York: Clarendon Press, 1994.

DANTO, Arthur. *Após o fim da arte: a arte contemporânea e os limites da história*. São Paulo: Edusp, 2010.

DE BOEVER, Arne. *Against Aesthetic Exceptionalism*. Minneapolis: University of Minnesota Press, 2019.

DEBUSSY, Claude. *Études pour piano*. Munique: Henle, 2015.

DE KEERSMAEKER, Anne Teresa. *Incarner une abstraction*. Paris: Actes Sud, 2020.

DELEUZE, Gilles; GUATTARI, Félix. *L'anti-Œdipe*. Paris: Minuit, 1972.

DELEUZE, Gilles; GUATTARI, Félix. *Mille Plateaux: capitalisme et schizophrénie*. Paris: Minuit, 1980.

DERRIDA, Jacques. *De la grammatologie*. Paris: Minuit, 1966.

DERRIDA, Jacques. *Voyous: deux essais sur la raison*. Paris: Galillée, 2003.

DESCHAUSSÉES, Monique. *Frédéric Chopin: 24 Études: vers une interprétation*. Paris: Van de Velde, 1995.

DIDEROT, Denis. *Le neveu de Rameau*. Paris: Flammarion, 2013.

DUARTE, Rodrigo. *Dizer o que não se deixa dizer*. Chapecó: Argos, 2008.

DUCHEZ, Marie-Élisabeth. Principes de la mélodie et origine des langues: un brouillon inédit de Jean-Jacques Rousseau sur l'origine de la mélodie. *Revue de Musicologie*, v. 60, n. 1-2, p. 33-86, 1974.

DUFOURT, Hugues *et al.* Les origines grecques de la conception d'harmonie. In: *Musique, rationalité, langage: l'harmonie, du monde au matériau*. Paris; Montréal: L'Harmattan, 1998. (Cahiers de philosophie du langage, 3.)

EISLER, Hanns. *Musique et société*. Paris: Éditions de Maison des Sciences de L'Homme, 1998.

ENGELS, Friedrich. A revolta húngara. *Nova Gazeta Renana,* 13 jan. 1849.

FABBRINI, Ricardo. *Arte e vida: do moderno a contemporâneo*. 2019. Tese (Livre-Docência) – Filosofia da Arte, Faculdade de Filosofia, Letras e Ciências Humanas, Universidade de São Paulo. São Paulo, 2019.

FEDERICI, Silvia. *Calibã e a bruxa: mulheres, corpos e acumulação primitiva*. São Paulo: Elefante, 2019.

FÉTIS, François-Joseph; MOSCHELES, Ignaz. *Méthode des méthodes pour le piano*. Paris: Maurice Schlesinger, 1840.

FOUCAULT, Michel. *Les plaisirs de la chair*. Paris: Gallimard, 2017.

FOSTER, Hal. *The Return of the Real: Art and Theory at the End of the Century*. Cambridge: MIT Press, 1996.

FRIED, Michael. Art and Objecthood. In: BATTCOCK, Gregory (Ed.). *Minimal Art: A Critical Anthology*. Cambridge: MIT Press, 1968. p. 116-148.

FRÜCHLT, Joseph. Entrevista. *Paralaxe*, v. 2, n. 2, 2014.

FRÜCHLT, Joseph. On the Use of the Aesthetic for a Democratic Culture: A Ten-point Appeal. *Esthetica: Tijdschrift voor Kunst en Filosofie*, 2011.

FRÜCHLT, Joseph; MENKE, Christoph; REBENTISCH, Juliane. Ästhetische Freiheit: eine Auseinandersetzung. *31: Das Magazin des Instituts für Theorie*, n. 18-19, p. 126-135, 2012.

GEFEN, Alexandre. *L'idée de littérature: de l'art pour l'art aux écritures d'intervention.* Paris: Corti, 2021.

GOEHR, Lydia. *Elective Affinities: Musical Essays on the History of Aesthetic Theory.* New York: Columbia University Press, 2009.

GOEHR, Lydia. *Politique de l'autonomie musicale: essais philosophiques.* Paris: Philharmonie de Paris, 2016.

GOŁĄB, Maciej. *Twelve Studies in Chopin: Style, Aesthetics and Reception.* Frankfurt: Peter Lang, 2014.

GRANGER, Gilles-Gaston. *Filosofia do estilo.* São Paulo: Perspectiva, 1974.

GREENBERG, Clement. Rumo a um novo Laocoonte. In: FERREIRA, Glória; COTRIM, Cecília (Orgs.). *Clement Greenberg e o debate crítico.* Rio de Janeiro: Jorge Zahar, 1997.

HABERMAS, Jürgen. *O discurso filosófico da modernidade.* São Paulo: Martins Fontes, 2000.

HANSLICK, Eduard. *Do belo musical.* Lisboa: Edições 70, [s.d.].

HEGEL, Georg Wilhelm Friedrich. *Cursos de estética.* São Paulo: Edusp, 2015. v. II.

HEGEL, Georg Wilhelm Friedrich. *Cursos de estética.* São Paulo: Edusp, 2015. v. III.

HEGEL, Georg Wilhelm Friedrich. *Fenomenologia do espírito.* Petrópolis: Vozes, 1991.

HEGEL, Georg Wilhelm Friedrich. *Grundlinien der Philosophie des Rechts.* Frankfurt: Suhrkamp, 1970.

HEGEL, Georg Wilhelm Friedrich; HÖLDERLIN, Friedrich; SCHELLING, Friedrich. O mais antigo programa de sistema do idealismo alemão. Tradução e comentários de Joãosinho Beckenkamp. *Veritas*, Porto Alegre, v. 48, n. 2, p. 211-237, 2003.

HEIDEGGER, Martin. *Kant e o problema da metafísica.* Rio de Janeiro: Via Verita, 2020.

HEIDEGGER, Martin. *Nietzsche.* Rio de Janeiro: Forense, 2007.

HERDER, Johann. Übers Erkennen und Empfinden in der menschlichen Seele. In: *Theoretische Schriften.* Berlin: Holzinger, 2013.

HERDER, Johann. Monumento a Baumgarten. *A Palo Alto*, v. 2, n. 2, 2010.

HOFFMANN, E. T. A. *Kreisleriana.* Ditzingen: Reclam, 1986.

HOLLANDER, John. *The Untuning of the Sky: Ideas of Music in English Poetry 1500-1700.* New York: Norton, 1970.

HONNETH, Axel. *Das Recht der Freiheit: Grundriß einer demokratischen Sittlichkeit.* Frankfurt: Suhrkamp, 2011.

HONNETH, Axel. *Die zerrissene Welt des Sozialen: Sozialphilosophische Aufsätze.* Frankfurt: Suhrkamp, 1990.

KANDINSKY, Wassili. *Du spirituel dans l'art, et dans la peinture en particulier.* Paris: Denoël, 1989.

KANT, Immanuel. *Crítica da faculdade do juízo*. São Paulo: Forense, 1995.

KANT, Immanuel. *O conflito das faculdades*. Covilhã: Universidade da Beira Interior, 2008.

KHURANA, Thomas. *Das Leben der Freiheit: Form und Wirklichkeit der Autonomie*. Frankfurt: Suhrkamp, 2017.

KIERKEGAARD, Søren. *A repetição*. Lisboa: Olho d'Água, 2010.

KIVY, Peter. *Sound Sentiment: An Essay on the Musical Emotions*. Philadelphia: Temple University Press, 1989.

KOSELLECK, Reinhart. *Futuro passado: contribuição à semântica dos tempos históricos*. Rio de Janeiro: Contraponto, 2007.

LACAN, Jacques. Le stade du miroir comme formateur de la fonction du Je. In: *Écrits*. Paris: Seuil, 1966.

LACHENMANN, Helmut. L'écoute est désarmée: sans l'écoute. In: SZENDY, Peter. *L'écoute*. Paris: L'Harmatann, 2000.

LACOUE-LABARTHE, Philippe; NANCY, Jean-Luc. *L'absolu littéraire*. Paris: Seuil, 1978.

LECOQ, Anne-Marie (Éd.). *La querelle des Anciens et des Modernes: XVIIe-XVIIIe siècles*. Précédé de "Les Abeilles et les araignées", essai de Marc Fumaroli. Postface de Jean-Robert Armogathe. Paris: Gallimard, 2001. (Folio Classique.)

LENZ, Wilhelm von. *Beethoven et ses trois styles*. Whitefish: Kessinger, 2010.

LÉVI-STRAUSS, Claude. *Regarder, écouter, lire*. Paris: Plon, 1993.

LIGETI, György. Études pour piano. In: *Works for Piano*. 3 ed. Interpretado por Pierre-Laurent Armand e Sony Classical. Mainz: Schott, 2000.

LIGETI, György. *Neuf essais sur la musique*. Genève: Contrechamps, 2001.

LISZT, Franz. *Chopin*. Paris: Archipoche, 2010.

LOCKE, John. *An Essay Concerning Human Understanding*. London: Penguin, 1997.

LOHMANN, Johannes. *Mousiké et logos: contributions à la philosophie et à la théorie musicale grecques*. Mauvezin: Trans-Europe-Repress, 1989.

LONGINO, Cássio. *Do sublime*. São Paulo: Martins Fontes, 1996.

LÖWY, Michael. *Romantismo e messianismo: ensaios sobre Lukács e Walter Benjamin*. São Paulo: Perspectiva, 2012.

LÖWY, Michael; SAYRE, Robert. *Revolta e melancolia*. São Paulo: Boitempo, 2015.

LYOTARD, Jean-François. *L'inhumain: causeries sur le temps*. Paris: Galilée, 1988.

LYRA, Fred. *Improvisation, jazz et dialectique negative*. 2021. Tese (Doutorado em Filosofia) – École doctorale Sciences de l'homme et de la société, Centre d'étude des arts contemporains, Université de Lille, Lille, 2021.

MALLARMÉ, Stéphane. *Correspondance complète (1862-1871): lettres sur la poésie (1872-1898)*. Paris: Gallimard, 1995.

MARTÍ-JUFRESA, Felip. *La possibilité d'une musique moderne*. Paris: L'harmattan, 2012.

MARX, Karl. *Manuscritos econômico-filosóficos*. São Paulo: Abril Cultural, 1974.

MARX, Karl. *O capital*. São Paulo: Boitempo, 2013.

MATTHESON, Johann. *Der vollkommene Capellmeister.* Hamburg: Christian Herold, 1739.

MCKEE, Eric. Dance and Music of Chopin: The Polonaise. In: BELMANN, Jonathan; GOLDBERG, Halina. *Chopin and His World.* Princeton: Princeton University Press, 2017.

MENEZES, Flo. *Apoteose de Schoenberg.* São Paulo: Ateliê Editorial, 2002. p. 395-401.

MENKE, Christoph. *Autonomie und Befreiung: Studien zu Hegel.* Frankfurt: Suhrkamp, 2018.

MENKE, Christoph. *Kraft: ein Grundbegriff ästhetischer Anthropologie.* Frankfurt: Suhrkamp, 2008.

MOSCO, Vincent. *The Political Economy of Communication.* London: Sage, 2009.

MOUFFE, Chantal. *Agonistics: Thinking the World Politically.* London: Verso, 2013.

NANCY, Jean-Luc. L'offrande sublime. In: *Une pensée finie.* Paris: Galilée, 1990.

NEUBAUER, John. *La emancipación de la música: el alejamiento de la mímesis en la estética del siglo XVIII.* Madrid: Visor, 1992.

NEWMAN, Barnet. The Sublime Is Now. In: MORLEY, Simon. *The Sublime.* Cambridge: The MIT Press, 2010. p. 25-27.

NIETZSCHE, Friedrich. *Crepúsculo dos deuses.* São Paulo: Companhia das Letras, 2013.

NICOLAS, François. Comment développer (et non déconstruire) l'autonomie si contestée de la musique? In: KALTENECKER, Martin; NICOLAS, François (Eds.). *Penser l'œuvre musicale au XXème siècle.* Paris: CDMC, 2006. p. 61-70.

OLIVE, Jean-Paul; OVIEDO, Alvaro. *Prose musicale et geste instrumental: les Six Bagatelles pour quatuor à cordes op. 9 d'Anton Webern.* Rennes: Presses Universitaires de Rennes, 2014.

OWENS, Craig. The Allegorical Impulse: Towards a Theory of Postmodernism. In: *Beyond Recognition: Representation, Power and Culture.* Berkeley: University of California Press, 1984.

PEDLER, Emmanuel. Les sociologies de la musique de Max Weber et Georg Simmel: une théorie relationnelle des pratiques musiciennes. *L'année Sociologique,* v. 60, p. 305-330, 2010.

PEDROSA, Mario. *Arquitetura: ensaios críticos.* Organização de Guilherme Wisnik. São Paulo: Cosac Naify, 2014.

PINKARD, Terry. *German Philosophy (1760-1860): The Legacy of Idealism.* Cambridge: Cambridge University Press, 2002.

PIPPIN, Robert. *Hegel Practical Philosophy: Rational Agency and Ethical Life.* Cambridge: Cambridge University Press, 2008.

PIPPIN, Robert. *Idealism as Modernism: Hegelian Variations.* Cambridge: Cambridge University Press, 1994.

PLATÃO. *A república.* Lisboa: Fundação Calouste Gulbenkian, 2017.

PRADO JR., Bento. *A retórica de Rousseau.* São Paulo: Cosac Naify, 2008.

PRADO JR., Bento. Ética e estética: uma versão neoliberal do juízo de gosto. *Rivesta Risco,* v. 5, 2007.

RAMEAU, Jean-Philippe. *Démonstration du principe de l'harmonie (1750).* Paris: Hachette Livre, 2012.

RAMEAU, Jean-Philippe. *Treatise on Harmony.* Nova York: Dover, 2002.

RANCIÈRE, Jacques. *L'inconscient esthétique*. Paris: Galilée, 1995.

RANCIÈRE, Jacques. *Malaise dans l'esthétique*. Paris: Galilée, 2004.

REBENTISCH, Juliane. *The Art of Freedom: On the Dialectics of Democratic Existence*. Cambridge: Polity, 2016.

RESTANY, Pierre. *Le Nouveau Réalisme*. Paris: Union Générale d'Éditions, 1978.

ROSA, Guimarães. *Primeiras estórias*. Rio de Janeiro: Nova Fronteira, 2016.

ROSEN, Charles. *Beethoven's Piano Sonatas*. London: Yale University Press, 2002.

ROSEN, Charles. *Le style classique*. Paris: Gallimard, 1978.

ROSEN, Charles. *The Romantic Generation*. Cambridge: Harvard University Press, 1998.

ROSS, Kristin. *L'imaginaire de la commune*. Paris: La Fabrique, 2015.

ROUSSEAU, Jean-Jacques. *Essai sur l'origine des langues*. Paris: Flammarion, 2005.

ROUSSEAU, Jean-Jacques. Examen de deux principes avancés par M. Rameau. In: *Œuvres complètes*. Paris: Gallimard, 2003. v. V.

ROUSSEAU, Jean-Jacques. Lettre sur la musique françoise. In: *Œuvres complètes*. Paris: Gallimard, 2003. v. V.

SAFATLE, Vladimir. A economia é a continuação da psicologia por outros meios. In: SAFATLE, Vladimir; DUNKER, Christian; SILVA JUNIOR, Nelson (Orgs.). *Neoliberalismo como gestão do sofrimento psíquico*. Belo Horizonte: Autêntica, 2021.

SAFATLE, Vladimir. *Cinismo e falência da crítica*. São Paulo: Boitempo, 2008.

SAFATLE, Vladimir. *Dar corpo ao impossível: o sentido da dialética a partir de Theodor Adorno*. Belo Horizonte: Autêntica, 2019.

SAFATLE, Vladimir. Fetichismo e mímesis na filosofia adorniana da música. *Discurso*, n. 37, 2007.

SAFATLE, Vladimir. *O circuito dos afetos: corpos políticos, desamparo e o fim do indivíduo*. Belo Horizonte: Autêntica, 2016.

SAID, Edward. *On Late Style: Music and Literature Against the Grain*. Nova York: Vintage, 2007.

SCHENKER, Heinrich. *Piano Sonata in A♭ Major op. 110: Beethoven's Last Piano Sonatas*. Oxford: Oxford University Press, 2015.

SCHILLER, Friedrich. *A educação estética do homem*. São Paulo: Iluminuras, 2011.

SCHILLER, Friedrich. *Do sublime ao trágico*. Belo Horizonte: Autêntica, 2011

SCHILLER, Friedrich. Über den Grund des Vergnügens an tragischen Gegenständen. In: *Sämtliche Werke*. München: Carl Hanser Verlag, 1962. v. 5.

SCHLEGEL, August. *Sämtliche Werke, Kritische Studienausgabe*. Hrsg. von G. Colli und M. Montinari. Berlin; München: Walter de Gruyter, 1980.

SCHMITT, Carl. *Positionen und Begriffe*. Berlin: Duncker & Humblot, 1994.

SCHOENBERG, Arnold. *Fundamentos da composição musical*. São Paulo: Edusp, 2015.

SCHOENBERG, Arnold. *Style and Idea*. Berkeley: University of California Press, 1950.

SCHOENBERG, Arnold. *Harmonia*. São Paulo: Editora Unesp, 2006.

SCHOPENHAUER, Arthur. *O mundo como vontade e representação*. Rio de Janeiro: Contraponto, 2001.

SCHWARZ, Roberto. Nacional por subtração. In: *Que horas são?* São Paulo: Companhia das Letras, 1987.

SCHWARZ, Roberto. *Martinha* versus *Lucrécia*. São Paulo: Companhia das Letras, 2012.

SEARLE, John. *Speech Acts*. Cambridge: Cambridge University Press, 1970.

SOCHA, Eduardo. O novo tema da *Eroica* de Beethoven e o sublime em Adorno. *Revista Limiar*, v. 7, n. 13, set. 2020.

SOCHA, Eduardo. *Tempo musical em Theodor W. Adorno*. 2015. Tese (Doutorado em Filosofia) – Faculdade de Filosofia, Letras e Ciências Humanas, Universidade de São Paulo, São Paulo, 2015.

SOLOMON, Maynard. *Late Beethoven: Music, Thought, Imagination*. Berkeley: University of California Press, 2003.

SHUSTERMAN, Richard. *Pragmatist Aesthetics: Living Beauty, Rethinking Art*. Lanham: Rowman & Littlefield, 2000.

SUBOTNIK, Rose. Adorno's Diagnosis of Beethoven's Late Style: Early Symptom of a Fatal Condition. *Journal of the American Musicological Society*, Berkeley, v. 29, n. 2, p. 245-275, 1976.

SZENDY, Peter. *Membres fantômes: des corps musiciens*. Paris: Minuit, 2002.

TENNEY, James. *A History of "Consonance" and "Dissonance"*. Nova York: Excelsior, 1988.

UHDE, Jürgen. *Beethovens 32 Klaviersonaten*. Stuttgart: Reclam, 2019.

VIRNO, Paolo. *A Grammar of the Multitude: For an Analysis of Contemporary Forms of Life*. New York: Semiotext(e), 2004. p. 57-59.

WAGNER, Richard. *Beethoven*. Rio de Janeiro: Jorge Zahar, 2010.

WAHNICH, Sophie. *La liberté ou la mort: essai sur la terreur et le terrorisme*. Paris: La Fabrique, 2003.

WALTHER, Johann Gottfried. *Musikalisches Lexikon oder musikalische Bibliothek*. Munique: Bärenreiter-Verlag, 1732.

WEBER, Carl. Viagem musical. *Morgenblatt*, Stuttgart, 22 dez. 1805.

WEBER, Max. *Os fundamentos racionais e sociológicos da música*. São Paulo: Edusp, 1996.

WELLMER, Albrecht. *Versuch über Musik und Sprache*. Munique: Carl Hanser Verlag, 2009.

WINNICOTT, Donald. *Natureza humana*. Rio de Janeiro: Imago, 1990.

Este livro foi composto com tipografia Minion Pro e impresso em papel Off-White 80 g/m² na Formato Artes Gráficas.